KB253027

한 잔의 차를 권하며

한 잔의 차를 권하며

인쇄일 초판1쇄 2008년 2월 1일
발행일 초판1쇄 2008년 2월 9일

지은이 허성범
발행인 정구형
발행처 **국학자료원** | 등록번호 제324-2006-0041호

편 집 이초희, 박지혜, 김나경, 안새미
영 업 정찬용
물 류 김종효, 김혜선, 박종일
총 무 박지연, 한미애

주 소 서울시 강동구 성내동 447-11 현영빌딩 2층
전 화 442-4623,4 | 팩 스 442-4625
www.kookhak.co.kr | kookhak2001@hanmail.net

ISBN 978-89-6137-334-0 *03080 | 정 가 13,000원

한 잔의 차를 권하며

허성범 산문집

국학자료원

두 해전 어머니는 아버지 곁으로 돌아가셨다. 노환중의 어머니가 살아 계실 때에는 그래도 마음 한구석 어디엔가 든든한 고향이 있었다. 그러나 이제는 갑자기 혼자가 된 듯, 한 밤중이면 때늦은 외로움과 두려움이 찾아들곤 한다. 육십을 바라보는 나이와는 어울리지 않는 안쓰러운 고아의 모습이다.

'인생은 어떤 낯선 여인숙에서의 하룻밤'이라는 말에 마음이 끌린다.

때로는 들끓는 용광로와도 같았고, 때로는 까닭 없이 우울하고 지쳤던 지난날의 편린들이 이제는 아무 미련 없이 안개 속으로 흩어진다. 그 동안 학생들을 정성껏 가르치고 좋은 연구를 열심히 하겠다는 마음이었지만, 막상 뒤돌아보니 이렇다 할 자신도 없음이 솔직한 고백이다. 인생은 지나고 나서야

깨닫는 어리석음의 연속인 듯도 하지만, 그러나 지금부터는
지난 삶의 교훈을 기억하며 조금이라도 더 지혜롭고 따듯해
지고 싶다.

　문학과 관련된 전공분야도 아니고 글을 잘 쓰는 특별한 재
능도 없지만, 항상 격려해 주시는 고마운 분들의 권유로 이곳
저곳에 투고했던 글들을 정리해 보았다. 잠시나마 한가롭게
마주 앉아 한 잔의 차를 나누며 그 동안 살아온 이야기를 나
누고 싶은 마음으로….

2007년 12월

저자 허성범

 학생은 자식처럼 자식은 학생처럼

 물과 같은 마음

3 기르는 예술

4 삶의 여정

5 내가 본 천국

학생은 자식처럼 자식은 학생처럼

개떡처럼 가르쳐도 찰떡처럼 알아들어야

　모교에서 가르치기 시작한지 벌써 20년이 훌쩍 넘었다. 나름대로는 열심히 공부하고 가르친다고 했지만, 지난 세월을 돌이켜 보면 부족했던 일이 너무 많아 학생들에게 미안하고 부끄러운 생각이 들곤 한다. 나는 30대 중반에 모교에 처음 부임했다. 몇 년간 집중적으로 연구해온 박사학위 논문도 심사위원 교수님들 앞에서 한 시간 발표하고 나니 더 이상 발표할 것이 없었던 것만 같았는데, 발령을 받고 보니 서너 과목을 매주 열대여섯 시간 이상 강의해야 했다. 그 때의 난감함은 지금 생각해도 무거운 기억으로 남아 있다. 남을 가르쳐 본 경험도 없이 교단에 섰으니, 그 당시 나에게 배웠던 학생들 입장에서는 아마도 횡설수설한 강의내용이 많았을 것이다. 이런 생각을 할 때마다 앞으로는 학생들에게 좀 더 잘 가르쳐야지 하지만, 남을 가르친다는 것은 역시 쉬운 일이 아님을 나이가 들수록 더욱 실감하곤 한다.

　내가 대학을 다닐 때 연구소에 근무하시며 외래강사로 강의하시던 한 선생님이 계셨다. 선생님은 전문적인 학식은 뛰어나셨지만 대학의 강단에서 가르치신 경험은 충분하지 않으셨던 것 같다. 선생님께서는 강의 준비도 잘 해오시고 열심히 가르치시려는 모습이 역력했다. 그런데 때때로 학생들의 기초실력이 부족해서였는지, 아니면 학생들에게 전달하는 수업방법이 맞지 않았었는지, 학생들은 잘 알아듣지 못해 멍 할 때가 있곤 했다. 선생님께서는 다시 쉽게 설명하시려 애쓰셨지만 그래도 여전히 명쾌하게 느껴지지 않곤 했다. 이럴 때마다 선생님께서는 안타깝다는 얼굴 표정을 보이시며 항상 이렇게 말씀하시곤 했다. "아, 이 사람들아! 개떡처럼 가르쳐도 찰떡처럼 알아들어야 그게 유능한 학생이지!" 선생님의 시의 적절한 한 마디 위트로 수업은 또 다시 유쾌하게 계속됐다.

나는 이제 같은 과목을 20여 년 이상 가르쳐 오고 있다. 물론 매 학기마다 새로운 내용을 추가하기도 하고, 또 오래되었거나 다른 과목에서 취급될 수 있는 내용은 삭제하기도 한다. 그러나 사실 그렇다 해도, 기본적인 강의 내용은 큰 변화가 없다고 할 수 있다. 그러니 지금쯤 내 강의는 말 그대로 물 흘러가듯 숙달된 모습이어야 할 것이다. 그런데 나는 아직도 강의 도중에 말이 꼬이고 설명이 복잡해짐을 스스로 느끼면서 당혹감을 느낄 때가 종종 있다. 이럴 때 학생들 모습은 오래전 내가 대학 다닐 때, 그 외래강사 선생님의 설명이 애매모호하여 학생들이 '멍' 했던, 바로 그때의 모습과 같은 것이다. 솔직히 고백하건데 이런 현상은 강의 준비를 게을리 하거나 또는 컨디션이 좋지 않을 때 더욱 그렇다. 그렇다고 학생들 앞에서 부족했음을 쉽게 터놓기도 멋쩍은 일이고, 또 꼬이는 말을 억지로 다시 잡으려 애쓰는 것도 답답한 교수의 모습이 아닌가! 이럴 때, 나는 언제부터인지 학창시절 그 선생님께 배운 한 마디를 여유만만하게 써 먹곤 한다. "아, 이 사람들아! 개떡처럼 가르쳐도 찰떡처럼 알아들어야 그게 유능한 학생이지!" 순간, 학생들의 불만스럽던 얼굴은 환한 미소로 바뀌고, 나는 위기를 간단히 모면하는 것이다. 학창시절, 외래강사로 오시던 선생님께 들은 이 한 마디가 이렇게 큰 도움이 될 줄이야! 역시, 스승의 은혜는 상상을 초월하는 것이다.

교육을 논할 때마다 '학생이 우선 똑똑해야 하느니, 아니면 선생이 우선 잘 가르쳐야 하느니' 하는 이야기가 분분하다. 마치 닭이 먼저인지 아니면 계란이 먼저인지 하는 논쟁과 비슷하다. 요즘 우리 사회는 얼마나 우수한 학생을 유치하느냐가 교육 경쟁력의 척도로 보는 시각이 팽배하다. 그러나 확실한 것은 똑똑한 학생만을 선별하여 가르치는 것이 교육의 전부는 아닌 것이다.

(2005)

학생은 자식처럼, 자식은 학생처럼

학생은 자식처럼, 자식은 학생처럼! 내가 종종 즐겨 생각해보는 말이다. 나는 오랜 세월 남의 귀한 집 자식을 가르치는 대학 선생을 하고 있지만, 솔직히 말해서 지금까지 한 번도 교육학이라는 것을 배워본 적이 없다. 또 개인적인 관심을 갖고 교육학에 관한 학술적인 전문 서적을 읽어 본 예도 없다. 어떻게 보면 남을 가르치는 사람으로서 매우 무책임하고 자격이 갖추어 지지 않은 사람인지도 모른다. 나는 그저 20여 년 대학에 근무하면서 체험으로부터 터득한 교육에 대한 나름대로의 직관을 다소 느끼고 있을 뿐이다. 이를 요약하면, 학생은 자식처럼, 자식은 학생처럼 가르쳐 보자는 것이다.

우리는 흔히 교육을 가정교육과 학교 교육으로 구분한다. 모든 교육의 근본정신은 사랑이지만, 학교 교육과 가정교육 사이에는 조건과 방법에 있어서 차이가 있다. 학교에서의 교육은 평등을 원칙으로 한 공적인, 그리고 보다 객관적인 기준의 엄격함을 요구하는 반면, 가정에서의 교육은 모든 것을 용서하고, 한없이 베푸는 모성적인 사랑에 기초한다. 나는 비록 교육학이 전공은 아니지만, 집에서는 여타 다른 가정에서와 같은 아버지이고, 또 학교에서는 학생을 가르치는 교수이니 사회적으로 볼 때 교육을 최일선에서 담당하는 사람 중에 하나인 셈이다. 따라서 교육에 대한 이런 저런 생각을 많이 하며 살고 있음이 사실이다.

교육이란 말 그대로 '학생들의 잠재된 발전 가능성을 끄집어 내주는 것'이라고 쉽게 설명한다. 그러나 나는 아직도 참된 교육을 위한 최선의 방법은 어떤 것인지 그 구체적인 실상을 충분히 알고 있지 못하다. 그때그때의 교육여건과 학생들 개개인에 따라 가르치는 방법은 수시로 변한다. 또 가르치는 학생들은 항상 동일한 연령이긴 해도 나 자신은 세월의 흐름 속에 삶의 연륜이 계속 늘어나고 있다. 그러니 교육에 대한 예전과 지금의 생각이 스스로 일정치 않음도 사실이다. 따라서 근 20여 년을 가르치는 교수라 하면서도 '학생들은 이렇게 가르쳐야 한다'며 나설 자신이 없다. 또 나는 그동안 그런대로 괜찮은 교육자였는지, 아니면 전공지식을 후진에게 전해주는 단순한 지식의 전달자였는지에 대해서도 이렇다 할 확신을 갖고 말하지 못함이 지금의 솔직한 고백이다.

우리 사회는 학생은 아직 미숙하고 배우는 단계에 있으니 잘못하면 타이르고, 또 잘못하면 알아듣도록 다시 타일러서, 그저 용서하며 사랑으로 가르쳐야 한다는 의식이 팽배하다. 만약 어떤 선생이 학생의 잘못을 이유로 다소 심하다 싶은 일벌백계—罰百戒의 벌을 내리면, 그 선생은 아무리 훌륭한 동기로 그렇게 했을지라도 '그 선생, 교육적으로 틀려먹은 선생'이라는 사회적 비난을 모면하기 어렵다. 그러니 우리나라에서의 선생노릇은 원칙과 규율을 중시하는 서구보다 어려운 면이 많은 것 같다. 그래서인지 학생을 가르치는 방법에 대해서도 이야기가 분분하다.

어떤 사람은 교실에서 학생 보기를 아기 부처님이나 아기 예수님 보듯이 극진히 모시고 가르치면 이것이 바로 참교육이라고 말하기

도 한다. 그러나 반대로 어떤 사람은 모든 학생은 항상 편해지려고
만 하는 속성이 있으니 가르침에 있어서는 모름지기 엄격해야하고,
한시도 학생이 한 눈을 팔지 않도록 해야 한다는, 회초리든 서당 훈
장론을 주장하기도 한다. 어떤 사람은 모든 학생이 배울 때는 부드
럽고 너그러운 선생님을 좋아하지만 졸업하고 나면 어렵게 공부를
시킨 호랑이 스승을 더 좋아하니, 학생은 너무 쉽게도 또 너무 어렵
게도 하지 말라며, 교육에 있어서도 중용의 미덕을 강조하기도 한
다. 또 젊어서는 고생을 하면서 어렵게 공부해야 더욱 자신의 능력
이 개발된다며 '젊어 고생론'을 예찬하는 사람도 많다. 가만히 들
어보면 모두가 다 옳은 말씀임에 틀림없다.

그런데 과연 나의 경우, 훌륭한 스승이 되기 위해서 학생을 가르
칠 때의 너그러움과 채찍의 잣대는 어떻게 적용해야 하는가를 생각
해 보면 남을 가르친다는 것이 얼마나 어려운 일인가를 쉽게 실감
하게 된다. 그래서 많은 경우 지나고 나서야 '그때 그 학생은 이렇
게 타일렀어야 했을 걸…' 하며 대수롭지 않은 학생의 실수를 갖고
아량 없이 쏘아부친 일을 반성하기도 하고, 또 지나고 나면 '그때
그 녀석은 회초리를 들어서라도 정신이 번쩍 나게 버릇을 고쳐주었
어야 했는데…' 하며 학생의 잘못을 확실하게 집고 넘어가지 못한
우유부단함을 아쉬워할 때가 많다. 나는 이렇게 강단에 선 지 20여
년이 되어가는 지금까지도 줏대 없는 모습을 보일 때가 많다.

나는 비교적 학생들에게 까다로운 선생님으로 인식된 예가 많았
다. 너그러운 교수라기보다는 이것저것 요구가 많고 그다지 후하지
않은, 학생들에게 만만치 않은 교수로 비춰진 경우가 많았다. 언젠
가 5월 스승의 날에 학생들로부터 받은 꽃다발속의 축하 카드에서
'나는 왜 그대 앞에만 서면 이렇게 작아지는가~', '가까이 하기엔
너무 먼 당신~' 하며 유행가 곡에 붙여 쓴 학생들의 솔직한 의견을
전해들은 적이 있다. 가능한 한 그저 많은 것을 전해주고 싶었을 뿐

이었는데, 내 안에는 학생들의 자유로운 접근을 막는 스스로의 벽이 있었음을 알게 된 날이었다. 예로부터 '훈장의 똥은 지나가던 개도 안쳐다 본다' 더니 배우는 학생들에게 얼마나 모질게 했으면 스승의 날에 이런 하소연을 했을까? 그 동안 어딘가 미숙했던 방법에 대해서 학생들에게 미안하기도 했고 스스로의 부족함을 반성하기도 했다. 그 이후 나는 학생들에게 보다 친절한 교수가 되어야지 하고 다짐은 했지만, 별로 크게 달라지지 않았는지 아직도 내 주위에는 많은 학생들이 편하게 모여드는 그런 멋은 없다. 하긴 나 스스로도 그저 학생들에게 열심히 가르치려 했던 교수로 남고 싶을 뿐, 특별히 인기 있는 교수로 기억되고 싶은 욕심도 없다.

비교적 나는 다른 친구들에 비하여 자녀가 늦은 편이다. 그런데 어느 날 항상 어리게만 보였던 자녀들은 얼굴에 여드름도 나고 키도 나보다 훌쩍 커졌음을 보면서, 가정에서의 자녀들의 성장은 부모의 생각보다도 항상 빨리 지남을 실감하였다. 그리고 그 때에 비로소 대학생처럼 키가 멀쑥이 커진 자녀들의 얼굴과 강의실 속의 학생들의 얼굴을 겹쳐놓고 보면서 두 얼굴 사이의 서로 다른 그림자를 쉽게 볼 수 있었다. 사실 그 동안 자녀들의 교육문제에 대해서는, 이미 돌아가신 선친先親께서도 그러하셨듯이 그저 집에 있는 아내가 알아서 다 잘하고 있을 것으로 생각했을 뿐이다.

요즘 우리 집 자녀들의 가정교육의 문제점을 보면, 여타 가정에서와 같이 부모로부터 너무 쉽게 모든 것을 받는데 익숙해져서 귀한 것을 귀히 볼 줄 모르고 스스로 쟁취하려는 투지가 부족하다는 점이다. 이러한 문제는 객관적인 옳고 그름에 기준하지 않은 지나친 부모의 관심과 베풂 때문이다. 가장 포용력 있는 사랑의 모습은 자식에 대한 부모의 사랑이라 할 수 있다. 그러니 가정에서의 자녀 교육은 자연히 회초리보다는 우선 받아주고 베풀어 주는 모성의 사랑이 앞섬이 사실이다. 특히, 우리 사회는 부모가 자식의 장래를 위하여 모든 것을 희생하는 것을 대단한 전통처럼 여기고 있다. 실제로 우리 주변에는 자녀의 교육을 위해서 부모가 소나 말처럼 살고 있는 예를 얼마든지 볼 수 있지 않는가.

참된 교육에 있어서 관심과 베풂은 가장 중요한 요소이지만, 우리의 가정교육에서는 너무 많은 관심을 너무 쉽게 베푸는 점이 문제인 것이다. 그러나 반면, 공적인 학교 교육에서는 개개인 학생에 대한 관심과 베풂이 의외로 너무나 부족한 실정이다. 즉 가정에서는 넘쳐서 탈이고 학교에서는 턱없이 부족해서 탈이니, 우리의 교육은 안팎으로 탈이고 이 속에서 교육을 받고 있는 어린 자녀들은 영문도 모른 채 혼란스러울 뿐이다.

'우리나라 교육개혁은 어디서부터 손을 써야 할지 모른다'는 말을 할 정도로 심각하다. 역대 정권은 항상 그럴 듯한 교육개혁 정책 운운하지만, 매번 헛다리짚기 일쑤이고 계속 미궁 속으로 빠져드는 기분이다. 이제 우리 사회의 교육에 대한 인식은 근본적인 차원에서 달라져야 한다. 자신은 뒤뚱대는 오리의 모습이면서도 자식은 무조건 봉황이라는 어리석음에 물불을 가리지 않고 퍼붓는 맹목적인 사랑의 가정교육이 더 이상 계속되어서는 안 된다. 또 무한한 가능성과 다양성을 소유한 우리의 자녀들을 세심히 사랑하고 베풀려는 관심은 없이, 그저 획일적인 잣대로 그들의 삶에 등급을 매기려는 비인간적인 학교 교육제도 역시 신속히 청산되어야 한다.

이 새로운 시대의 교육을 위하여 우리 모두의 가슴 속에 '학생은 자식처럼, 자식은 학생처럼'이란 표어를 달아보면 어떻겠는가!

(1999)

대학에서의 교육과 공부 방법

　사람은 살면서 죽을 때까지 그때그때 터득해야하는 공부가 많다. 그러니 공부는 특별히 학생들만 해야 하는 것은 아니다. 어렸을 때는 어렸을 때대로 배워야 하는 것이 있고, 나이가 들면 나이가 드는 대로 터득해야 하는 삶의 공부가 있다. 그러나 성인의 사회로 편입되기 위한 대학시절은 그 어떤 시기보다도 해야 할 공부의 내용이 많다. 고등학교까지는 미성년자로서 부모와 사회의 보호 속에서 공부를 하는 시기이다. 그러나 대학부터는 스스로의 삶을 책임지고 독립하기 위한 공부를 하여야 하니, 대학시절의 공부 방법은 마치 바짝 마른 스펀지가 물기만 보면 순간적으로 흡수하듯, 가치 있는 새로운 지식을 배우고 스스로 능력을 갖춤에 있어 항상 목말라 하는 모습이어야 할 것이다.

　결국 대학에서의 공부 목적은 인생을 살며 부딪칠 수 있는 어떤 어려움도 스스로 해결할 수 있는 능력을 갖추기 위함이다. 그러니 학생들은 스스로 확실한 소신을 갖고 보다 적극적인 탐구 자세이어야만 한다. 이러한 목적을 위해서 대학생활에서 지향해야 하는 구체적인 공부 자세는 크게 세 단계로 구분해 볼 수 있다.

첫째는 자신이 전공하고자 하는 학문분야의 일반적인 내용은 물론 복잡한 이론, 최근의 학설 등 모든 내용을 꿰뚫고 있어야 한다. 둘째는 다른 학문분야를 보다 폭 넓게 이해할 수 있어야 한다. 그러기 위해서는 다양한 분야의 독서는 물론, 타 학문 분야의 세미나나 연구 발표회 등에도 적극 참여하고 그들의 의견을 경청할 줄 알아야 한다. 모든 것이 다 그렇듯이 학문이라는 것도 어느 정도의 수준을 넘어서면 마치 우리 몸의 각 부분이 관절로 서로 연결되어 하나로 되듯, 모두가 하나로 연결되는 것이다. 따라서 분야가 다른 사람끼리 함께 의견을 나누다 보면 뜻하지 않았던 아이디어를 얻게 되는 경우가 많다. 나에게는 매우 간단하고 쉬운 일이 상대방에게는 매우 어려울 수도 있고, 반대로 내가 어려워하는 것을 그들로부터 쉽게 배울 수도 있는 것이다.

대학공부에서 중요한 마지막 세 번째는 나의 전공 지식을 어떻게 다른 분야에 접목시켜서 나의 활동 영역을 보다 넓고 새롭게 개척해 나갈 것인가를 항상 염두에 두는 것이다. 고등 생물일수록 하등 생물에 비해 조직이 발달해 있듯이, 한 개인에게 있어서도 마찬가지이다. 즉 한 개인의 능력이 극대화되기 위해서는 다양한 사람들의 능력과 융합이 되어야만 하는 것이다. 따라서 대학에서의 궁극적인 교육 방법은 자신의 전공 지식을 타인의 전공 지식에 어떻게 접목시키느냐를 가르치고 공부하는 것이기도 한 것이다.

우리나라 대학에서의 교육과 공부방법의 실상은 과연 어떠한지 냉철히 평가해 볼 일이다.

(2006)

잊혀지지 않는 학생

　　대학에 부임한 지 벌써 십 수 년이 흘렀다. 해마다 가르치던 학생들이 졸업하여 곁을 떠나면 같은 또래의 새로운 제자들이 어김없이 찾아든다. 나 스스로는 많은 세월의 흐름을 느끼고 있지만, 함께 생활하는 학생들의 얼굴은 오래전이나 지금이나 항상 변하지 않는 똑같은 홍안의 모습들이다. 수많은 학생들을 가르치며 지내온 지난날을 돌이켜 생각하면 잊혀 지지 않는 다시 한 번 만나보고 싶은 추억의 학생들이 떠오른다. 해맑은 미소를 보여주며 순수하고 가슴 설레는 젊음을 보여주던 희망찬 모습의 학생들, 엉뚱하고 말썽꾸러기였던 돈키호테 같은 학생들, 항상 신중하고 열심이었던 햄릿형의 모범생들, 불의의 사고로 장기간 입원 중이었던 애처로웠던 학생들, 이상한 이념 서클과 사이비 종교집단에 유혹되어 부모님들이 눈물로 하소연하던 멍청하고 답답했던 외골수 학생들 등등 많은 얼굴 모습들이 눈앞에 나타난다. 곰곰이 생각해보면 좋았던 싫었던 간에 이들 모든 학생들이 모두 다 나의 작은 한 분신인 것 같기도 하다.

사제지간의 인연이란 부모자식 인연다음으로 뜻이 깊다는데, 이와 같은 큰 인연이었음에도 절실하게 잊혀 지지 않는 학생들이 그다지 많지 않고 또 쉽게 떠오르지 않음은 아마도 너무나 많은 학생을 가르쳐서이었을까? 수많은 학생들을 가르쳐 왔음에도 불구하고 가슴 깊이 잊혀지지 않는 학생이 생각보다 적다는 것은 어떤 면에서 볼 때 나나 학생들이나 모두에게 서로 불행하고 슬픈 이야기가 아닐 수 없다. 고려시대의 보조국사는 그의 제자 '진각'을 두고 말하기를 "그대와 같은 훌륭한 제자를 두었으니 내 지금 죽어도 여한이 없다"고 했다는데, 이와 같은 선사들의 가슴 뜨거운 이야기는 나에게도 가능할까 하는 의문의 화두가 일기도 한다. 하기야 예수님 같은 위대한 성인도 자기가 정성껏 가르치던 제자에 의해 팔아넘겨져 십자가 죽음을 당하신 예를 생각해보면 나는 최소한 지금까지 유다와 같은 제자는 없었음이 확실하다. 그 동안 훌륭한 제자를 두고도 큰 재목으로 배출하지 못한 것은 분명 나의 그릇이 부족했기 때문이니, 이러한 생각이 일 때마다 그간 함께 지내온 많은 제자들에게 진정 미안하고 한편 부끄러울 뿐이다. 그런데 이런 부족함 속에서도 내가 항상 이해해주고 학업을 잘 마칠 수 있도록 지도하고 배려해주었던 한 외국인 학생이 있어 오늘은 그 이야기를 담담히 소개하며 스스로를 위로하고 싶다.

때는 1990년 2월 우리대학과 자매결연이 맺어진 남미 베네수엘라의 오리엔떼대학에서 우리 대학으로 유학을 오고 싶다는 2명의 젊은 교수가 있었다. 마침 그 중 한명이 나의 전공분야를 공부하고 싶다는 희망에 따라 나는 그와 첫 인연을 맺게 되었다. 내가 외국에서 생활할 때 남미 친구들을 많이 보아왔기 때문에 나에게 오겠다는 그 학생에 대한 상상이 쉽게 머리에 떠올랐다. 우선, 춤 잘 추고, 노래 잘하고, 항상 재잘대면서, 아가씨가 나타나기만 하면 하던 것 다 팽개치고 그 뒤를 신나게 따라다니는, 그런 전형적인 스페인 계통의 남미 학생일 것이란 생각부터 들었다. 만약 우리 실험실에 와서 어렵다고 엄살이나 떨면서 놀자 판이 되면 어쩌나 하는 걱정도 들었고, 중간에 포기하고 가버리면 아니함만도 못한데 하는 부담감도 있었다. 그러나 한편, 나도 젊어서 한때는 낯선 외국에서 아무 조건 없이 외국인의 도움을 받아 공부하였던 경험 때문에, 나의 도움으로 공부하고자 하는 외국인에게 나도 성심껏 베풀어야겠다는 생각이 앞섰다. 이러한 이유로 나는 그 학생 토마스를 기꺼이 환영하였다.

동백섬 연구소에서 처음 만난 그의 인상은 남미 사람으로는 비교적 동양적인 면이 느껴졌고 수다스럽지 않고 꾸준할 것 같은 예감이 들었다. 우리는 서로 잘 안 통하는 언어 장벽이 있긴 했지만 표정과 느낌으로 이해했고 나는 동양에 갓 도착한 그에게 편안함을 주고자 했다. 부산의 2월, 변덕스럽고 차가운 바닷바람은 열대에서 찾아온 그를 움츠리게 했고 그는 다소 긴장한 모습이었다. 법무부 신원보증에서부터 숙소의 전기배선 수리공사에 이르기까지 여러 가지 문제를 도와주면서 새 학기를 맞았다.

대학원 첫 번째 수업, 세미나 시간이 되었다. 여러 교수님들과 학생들에게 두 명의 외국학생을 소개한 후 세미나 발표가 진행되었는데 그날 아직도 잊혀 지지 않는 사건이 일어났다. 그 당시 우리학과에는 엄격한 노교수님들이 여러분 계셨다. 지금도 그런 일이 많지만 그 당시에도 대학원생들은 세미나 시간에 똑똑하게 발표하지 못하다가 교수님들께 혼쭐이 나게 지적당하고 재발표를 하는 예가 많았다. 재발표라도 할 수 있는 기회를 못 얻으면 비싼 등록금을 내고 한 학기를 또 해야 하니 세미나는 비록 1학점짜리지만 학생들로선 매우 무거운 과목이 아닐 수 없었다.

그날따라 파란 눈의 이방인들이 2명이 있어서였는지 세미나는 시작부터 엄숙했다. 첫 번째 발표자는 석사과정 여학생이었다. 다른 학생들도 그날은 더 점잖은 듯 침묵으로 조용했고 발표하는 여학생은 평소보다 다소 긴장하는 듯 했다. 발표가 끝나고 발표자를 평가하는 교수님들의 질문 공세가 시작되었는데 그날따라 노교수님들은 새로운 외국인 학생들이 있어서였는지 더욱 근엄함을 지키시려는 모습이었다. 처음에는 '어떻게 생각하느냐?' 는 식의 부드러운 질문에서부터 시작 되었다. 그런데 발표자는 준비가 미숙해서 계속 동문서답하고 있으니 교수님들의 질문은 어쩔 수 없이 더욱 공격적이 되었다. 이때 조용히 지켜만 보던 그녀의 지도교수는 더 이상 침묵 할 수 없었음인지 그녀의 부족함을 질책하게 되었다. 새 학기 시작하는 첫 날, 그것도 낯선 외국인들이 있는 자리에서 첫 번째로 강단에 섰던 그 여학생은 얼굴이 홍당무가 된 채 어쩔 줄을 몰라 했다. 감싸주기를 기대했던 지도교수님에게 마저 호된 야단을 맞게 된 점이 너무나 서러워서였는지 그녀는 갑자기 울음을 터트리지 않는가! 순간 세미나실에는 무거운 긴장감만이 휘돌았다. 이때 한 가운데 앉아있었던 토마스를 보니 두 눈을 연방 좌우로 굴리면서 주위의 분위기에 초긴장으로 대처하는 놀랜 모습이 역력했다. 비록 무슨 말인지 모르지만 세미나 첫 시간에 앳되고 예쁜 여학생이 눈물까지 흘리는 모습을 보게 되었으니 그 긴장감이 얼마나 컸을까! 토마스가 느낀 처음이자 또 마지막으로 가장 컸던 문화충격은 바로 이 사건이었으리라.

그 날의 매서운 분위기 때문이었는지 눈치가 빠르게 보였던 또 한 명의 유학생은 얼마 안 있어 온다간다 말도 없이 돌아가 버렸고 토마스만 홀로 남아 꾸준히 적응했다. 1993년 2월, 그는 3년 만에 모든 학점을 이수하고 넙치 우량종묘생산을 위한 난질과 먹이생물에 관한 훌륭한 박사학위 논문을 제출했다. 그는 남미인으로서는 우리 대학에서 배출한 첫 번째 박사학위를 받고 만 3년 만에 귀국했다.

이후 그는 오리엔떼대학 양식학 교수로 있으면서 베네수엘라의 천해양식산업 발달에 많은 역할을 하는 것으로 소문이 나 있다. 가끔 외국학회에서 그를 보곤 하는데 그의 동료들은 토마스가 더 이상 옛날의 토마스가 아니라며 그의 폭넓은 연구 활동을 부러워하곤 했다. 그는 어디에서든지 스스로 코리아에서 양식학 박사학위를 받았다고 자랑스럽게 이야기하며 외국에서 우리학교 교수를 만나면 항상 찾아와 인사하고 지도교수였던 내 안부를 묻곤 한다고 한다.

매년 6월 하순이 되면 동백섬의 나의 실험실에서는 졸업한 대학원생들이 모이는 '홈커밍데이home coming day'를 갖고 있다. 지난 해 연말 2000년 6월 홈커밍데이에 참석하기 위해 적금을 넣기 시작했다는 그의 성탄카드를 받고 얼마나 고마웠는지! 나는 나를 지도해 주었던 많은 은사님들께 그저 마음 만으로만 고마워할 뿐 그 고마움을 잘 표현하지 못하고 사는 편인데 토마스는 이러한 면에서 나에게 많은 것을 느끼게 하곤 한다. 비록 언어의 장벽과 문화의 갈등 속에서도 지구 건너편의 토마스가 그다지 멀리 느껴지지 않고 항상 잊혀 지지 않는 학생으로 남는 이유는 사제지간 서로의 마음으로 느끼는 신뢰와 따뜻한 정 때문이리라.

(1997)

새 학기를 맞으며

  여름방학도 이젠 다 끝나 가고 있다. 방학이 시작될 무렵에는 '이번 방학에는 이것하고 저것하고 또 어디가고' 하며 밀린 많은 계획들을 설레는 마음으로 분주히 챙겨대지만 막상 이렇게 방학이 끝날 무렵이면 마치 관객이 모구 떠난 텅 빈 무대 같은 허전함이 엄습할 뿐이다. 멋있는 연기 한 번 옳게 못해보고 무대를 내려와야만 하는 어설픈 배우의 심정과도 같은 기분이다.

  그러나 채워지지 못한 어떨 수 없는 아쉬움을 인정하고 수렴해야만 하는 시간의 흐름 속에서 새로 다가오는 한 학기에 또 한 번의 기대를 걸어본다. 실상 두 달간의 여름방학기간 중 휴가 한 번 옳게 즐겨보지 못하고 비지땀을 흘리면서 실험실을 지켜왔지만, 애초 계획했던 것을 차분히 정리하고 완성시킴에 있어서는 그 결과가 크게 부진했던 점이 사실이다.

  그 이유가 어디에서 연유되었을까 생각해 보지 않을 수 없다. 성하절의 뜨거운 날씨 탓이었을까 아니면 어수선한 피서 분위기 때문이었을까? 곰곰이 생각해 보면 우리사회구조는 매우 산만함이 사실이다. 차분히 가라앉은 안정된 분위기가 아니고 마치 공중에서 외줄타기 재주를 부리는 듯한 아슬아슬한 들뜬 분위기일 때가 너무 많다. 또 우리사회는 이것을 즐기는 듯도 하다.

이러한 면에서는 우리 대학의 분위기도 예외가 아닌 듯하다. 다른 모든 세상이 술렁대고 들떠 있어도 대학만큼은 평상심으로 진리 탐구의 상아탑이 되어야 할 텐데, 요즘의 우리대학은 뿌리 깊은 나무의 모습을 보이지 못하고 이런 저런 바깥소리에 일관성 없이 흔들리는 어수선한 모습을 보일 때가 많은 듯하다. 말이 방학이지 매일매일의 일과는 요란한 바깥소리로 수업으로 꽉 찬 학기 중보다도 오히려 더 산만했던 것 같다. 보통사람들이 생각하기로는 대학이 방학이 되면 한가함중에 정진이 있고 새 학기를 대비한 에너지 축적의 시기로 생각하지만, 실제로 방학이 끝날 무렵이면 학기 중보다도 오히려 더 고단함을 느끼는 경우가 있음이 사실이다.

요즈음 우리 대학주변에는 너무나 많은 소리가 난재하고 있다. 또 우리 대학인은 우리에게 별 도움이 되지 않는 잡다한 바깥소리에 지나치게 예민하고 현혹되는 예도 많다. 실제로 학문을 이루고 지성을 쌓음에 있어 바깥소리는 우리에게 얼마나 도움이 되는 것인지 신중히 생각해 볼 필요가 있다. 진리탐구를 위해서는 물리적으로 들리지 않는 내면의 안소리에 더욱 귀를 기울여야 하는데 우리는 이를 너무나 경시하고 있다.

이제는 피서도 끝났고 모든 피서객들 역시 삶의 제자리로 돌아갔다. 피서인파의 가면으로 장식됐던 푸른 바다 역시 주인의 자리를 비로소 되찾은 듯 철썩철썩 물결을 치고 있다. 새 학기를 맞은 우리 모두도 들리지 않는 내면의 소리를 들으며 진리탐구를 위한 우리의 제자리에 굳건히 서 있도록 노력할 때이다.

(1995)

승선 실습

　수·해양 대학 학생들이 누리는 특권을 꼽는다면 아마도 실습선의 승선실습이 아닐까 생각한다. 양식학과 학생들도 비록 1학점이긴 하나 전공 필수 과목이 승선실습이다. 바다에서 양식하려면 배도 몰 줄 알고 기관도 조금은 알아야 한다. 그 보다도 먼저 바다에서 일한다는 것이 얼마나 힘들고 어려운지를 가르치기 위해서는 백문이 불여일견, 실습선에 학생들을 태우고 직접 바다로 나가는 것이다.

　나는 올해로 벌서 25년째 매년 3학년 학생들은 태우고 실습선에 오른다. 예전에는 전 학기 5월과 6월에 각각 5박6일씩 두 번의 실습을 했는데, IMF이후에는 예산의 부족으로 9월에 한번 4박5일의 실습을 다니고 있다. 예전에는 그저 300톤 규모의 작은 실습선 관악산호를 사용했기 때문에 침실과 화장실 등 불편한 점이 한두 가지가 아니었다. 그러나 배가 작다 보니 양식장 사이사이를 헤집고 다니며 양식학과 학생들에게 맞는 아기자기한 알찬 실습을 할 수 있었던 점이 좋았다.

　그런데 IMF 이후 관악산호가 폐선 되면서 지금은 1800톤 규모의 가야호를 이용하고 있다. 가야호는 공간이 넓고 시설이 훌륭하여 항해를 하기에는 더없이 편리하다. 그러나 배가 크다 보니 예전처럼 수심이 낮은 연안의 양식장 사이를 헤집고 다닐 수 없어 예전 보다는 다양한 실습을 못하는 아쉬움도 있다.

나의 전공이 바다생물을 공부하는 분야이고 보니 대학을 다닐 때부터 지금에 이르기까지 실습선에서 겪은 일들이 수많은 아름다운 추억으로 남아 있다. 특히 불란서 유학시절, 방학이면 보통 한 달씩 북대서양 횡단 자원조사에 참여하곤 했다. 24시간을 좁은 선상에서 동료들과 함께 동거하며 일거수일투족을 함께한 추억은 돈을 주고 살 수 없는 참으로 귀한 체험들이었다. 한참 혈기 방자하던 20대 후반의 젊은 시절, 거센 파도를 만날 때면 동료들과 함께 온 몸으로 견디어 내고, 때로는 좁은 선실에서 티격태격 다투기도 하던 그 추억들이 새삼 눈앞에 삼삼하다. 그때 함께 지냈던 불란서 친구들은 지금 다 무엇을 하고 사는지, 지금쯤은 모두 초로의 신사 또는 중후한 중년부인들이 되었을 턴데…. 그 친구들이 먼저 연락하지 않았어도 내가 항상 연락 했다면, 아직도 그때의 정다운 우정이 지속되었을까? 지나간 아름다운 추억을 회상한다는 것은 항상 사람을 몽롱하게 만들곤 한다.

벌써 학생들과 실습을 다닌 지 25년이니 그동안 실습선에서 함께 먹고 자던 학생 수는 줄잡아 천명이 넘을 것이다. 우리말에 함께 자고 아침밥을 같이 먹으면 제일 빨리 친해진다 하는데, 그런 면에서 승선실습은 학생들과 친해질 수 있는 첩경임이 확실하다. 학생들의 입장에서도 비록 학점을 따기 위한 과목이기는 하나 동료들 끼리 함께 실습선을 독차지하고 일주일간을 남해안 이곳저곳을 다니니, 비록 승선실습이 고되고 불편함은 있어도 대학 생활 중 가장 기억에 남는 추억거리가 되는 것이다. 졸업한 학생들을 오랜만에 만날 때 흔히 시작하는 대화가 옛날 실습선의 이야기인 점을 보아도 승선실습은 학생들에게도 best class임이 확실하다.

　대도시의 답답한 콘크리트 건물, 수많은 인파와 자동차, 끊임없이 계속되는 불평과 불만, 짜증스러운 불친절과 무관심, 그리고 이웃과의 보이지 않는 갈등 등, 일 년 내내 이런 규격화된 도시 속에서 지내다 보면, 승선실습을 해야 할 때가 되면 나는 은근히 마음이 설렌다. 비록 많은 학생들을 인솔하고 책임져야 한다는 중압감은 있지만, 며칠만이라도 탈도시의 자유를 즐길 수 있으니, 이는 남들이 누릴 수 없는 특권이 아닐 수 없기 때문이다.

　육지가 보이지 않는 바다 한 가운데서 확 트인 온 천지를 맞이한다는 것은 바로 경이로움의 쾌감인 것이다. 온 몸을 스치는 순수한 바람의 촉감 속에서, 이른 아침이면 떠오르는 태양을 보고 또 저녁이면 수평선 넘어 붉게 물든 석양을 본다는 것도 도시생활에서는 상상할 수 없는 평화로움인 것이다. 깊이를 알 수 없이 넘실거리는 검푸른 바닷물은 때로 두려움을 자아내기도 한다. 그러나 한 참을 서로 응시하다 보면 누구도 대적할 수 없는 그 신성한 위엄 앞에서 어느새 나는 스스로 작아지는 겸손함도 배우는 것이다. 도시생활의 편견과 오만 속에서 살아남으려고 발버둥치는 가여운 현대인에게 바다의 항해는 마치 고요한 명상과도 같은 침묵의 기도인 것이다.

　이런 것 말고도 승선실습 중에는 학교의 교정에서 느낄 수 없는 많은 새로움을 만날 수 있다. 예를 들면 아무 말 없이 자기 일만 묵묵히 수행하는 선원들의 모습이 그렇다. 학교 안 같았으면 누가 잘했느니, 잘못했느니 하며 서로 쑥덕거리고, 그래서 교수 회의를 하면 별 것도 아닌 사안을 갖고 시간만 하루 종일 질질 끌고 하지 않는가. 이런 면에서 실습선 선원들은 먹물 든 지식인들에게 단순함의 미덕을 보여주는 존경의 대상인 것이다.

　승선실습을 하다 보면 또 한 가지의 경이로움을 체험할 수 있다. 실습선에서는 하루 세끼 식사를 군대처럼 정해진 시간에 먹게 해주는데, 알고 보면 한사람의 하루 급식비는 겨우 2,830원에 불과하다. 그것도 실습선 주방에서 직접 구매하는 것이 아니라 업자를 통해 조달받는 금액이다. 그러니 업자가 최소 이윤을 떼고 나면 모르긴 몰라도 한 끼 식사비용이 600~700원이나 되겠는가? 그런데도 매 끼마다 다른, 나름대로의 정갈한 음식이 나온다. 밥 한 그릇, 국 한 그릇, 김치, 나물, 계란부침, 생선구이 등, 도저히 그 예산으로는 충당할 수 없을 것 같은데 주방장은 용케도 그럴 듯한 요리를 선보인다. 사실, 요즘 어느 곳에서 이렇게 헐값의 밥을 먹을 수 있단 말인가? 솔직히 요즈음 학교에서는 회의비 명목으로 1, 2만원짜리 식사하는 것은 다반사이다. 또 가정에서도 외식을 자주 해야만 문화인인 것처럼 외식에 지출하는 비용이 만만치 않음이 솔직한 고백 아닌가. 이런 면에서 승선실습은 가장 알뜰하고 검소한 식단이 어떤 것인지도 보여주는 것이다.

사실 요즈음의 식사는 너무 넘쳐서 문제가 되는 세상인데, 실습선 주방에서는 세상의 유행과는 달리 가장 절제되고 검소한 식사를 체험하게 하는 것이다. 이는 마치 사찰에서 불자들에게 바루 공양을 수행 시키는 것과도 같고, 성당의 절제된 피정과도 흡사한 모습인 것이다.

요즘 학생들은 아쉬운 것 모르고 자란 세대이다. 도무지 아낄 줄 모르고, 절제된 절약이 정신적인 풍요를 준다는 진실마저도 전혀 이해하지 못하는 세대이다. 그러나 학생들을 교육시키는 학교로서는 학생들이 집을 떠나 좋던 싫던 불편한 공간 안에서 실습선 규정에 따른 공동체 생활도 해보고, 또 고되게 일하고 난 후 검소하고 거친 음식을 맛있게 먹고 감사할 줄 아는 것도 체험하게 해야 하지 않는가. 그러니 승선실습이야말로 전공과목도 배우고 인생 수업도 경험하는 현장인 것이다. 대학에서 이보다 더 중요한 전공 필수과목이 어디에 또 있겠는가!

(2006)

메틀러

자연과학을 공부하는 사람은 모든 결과를 실험을 통하여 얻게 된다. 따라서 실험기기의 필요성이 절대적인 경우가 많다. 특히 최근의 첨단 과학 분야는 수많은 고가의 실험기기, 장비에 의존하는 예가 많다. 그러다보니 이 분야의 연구 경쟁은 첨단기기의 싸움이라 해도 과언이 아닐 정도로 기기의 확보는 매우 중요하다. 나는 지금 수많은 종류의 기기를 쓰고 있지만, 그래도 기기는 항상 부족해서 연구비의 많은 부분이 편리하고 새로운 실험기기의 구입에 할애되곤 한다. 따라서 실험기기에 얽힌 이런저런 사연도 많다.

사람 사이에도 어떤 사람과는 특별히 인연이 깊은 것처럼 실험기기 중에서도 특별히 애착이 가고 사연이 많은 기기가 있다. 이러한 경우에는 비록 말 못하는 쇠붙이 기기이지만 쳐다보는 것만으로도 서로의 마음이 전달되는 듯한 교감이 있기도 하다. 지금 내 실험실에는 박물관에나 있을 법한 오래된 독일제 메틀러 저울이 한 대 있다. 이 저울은 보기만 해도 지난날의 실험연구와 관련된 수많은 추억이 주마간산 격으로 스쳐가는 오랜 나의 친구이다.

요즘은 형편이 좋아져서 어지간한 저울은 별 것 아닌 것처럼 보이지만 20여 년 전만 해도 외제 자동저울은 꽤나 귀한 기기였다. 많은 생물의 무게를 달고 그들의 성장을 추적하는 일은 나의 실험실에서는 기본적인 조사 중의 하나였는데 이때 정밀하고 편리한 접시형 자동저울은 항상 큰 역할을 하곤 했다. 이 간단한 자동저울이 없을 때는 100㎎정도까지 잴 수 있는 수동식 천 평을 앞에 놓고, 무게를 잴 때마다 적당한 추를 하나하나 눈치껏 올려가며 좌우로 흔들리는 바늘을 따라 끊임없이 시선을 집중해야만 했다. 정말 요즘의 디지털 저울에 비하면 말 그대로 원시인들이나 사용했을 법한 차이가 있었다.

내가 처음 대학교에 부임했던 시절이 새삼스럽다. 그 때까지만 해도 젊은 신임교수들이 실험실을 셋업하기 위해서는 연구비를 따기가 정말로 쉽지 않았던 시절이었다. 솔직히 말해 교육부에서 대학으로 직접 주는 연구비는 고참 교수들의 순서로 가져가는 것이 불문율의 관행이었다. 갓 들어온 신출내기 교수가 괜히 세상물정도 모르고 그 연구비를 넘나 보다간 장유유서도 모르는 천방지축이라고 눈총 받던 그런 시절이기도 했다. 그러니 되지도 않을 것을 가지고 큰 코 다치느니 아예 교육부 연구비는 신임 교수들과는 인연이 없는 것으로 접어두는 것이 차라리 편했다.

지금도 그렇지만 그 당시에도 젊은 교수들에게 가장 인기 있는 연구비는 역시 공정한 심사에 의한 과학재단의 연구비였다. 그런데 그 연구비 따기가 결코 쉽지 않았고 연구비 역시 거의가 1년짜리에 200~300만원이 대부분이었다. 그러니 이와 같은 여건 속에서 실험기기를 장만하기는 쉽지 않았다. 또 이러한 궁색함은 이미 소유하고 있는 기기를 신주 모시듯 하게하여 아무에게나 사용을 금하는 예가 많았다. 특히, 연구에 열심인 교수일수록 실험실 기기의 개방에는 인색했던 경우가 많았다.

그 당시 내 실험실에는 10mg까지 잴 수 있는 반자동식 독일제 메틀러 저울이 한 대 있었다. 물론 내가 구입한 것이 아니고 선임 교수께서 차관구매로 구입하신 저울이었는데 나는 이 저울을 자유롭게 사용하곤 했다. 특별히 물고기 새끼와 작은 조개의 무게를 잴 필요가 많았던 내 실험실에서는 이 저울을 그야말로 애지중지하였다. 사용하고 나면 필히 잠그고 그것도 부족해서 나무상자로 덮어 안전하게 보관하곤 했다. 수많은 물고기와 조개들이 그 저울 위를 올랐고 그것들이 모여 한 편씩의 논문이 발표되곤 했다. 이 저울은 초창기 나의 연구에 일등공신의 역할을 단단히 했으니 비록 말없는 저울이지만 언제 보아도 대견하고 자랑스러웠다.

이렇게 혁혁한 공을 세운 역전의 용사가 어느 날 갑자기 작동불능이 되어 실험실 한 구석 후방에 방치되었다. 때마침 다른 차관구매가 있어 더 좋은 새로운 저울을 구입하게 되었으니 이 역전의 용사는 드디어 영원히 사라진 노병의 모습이 되었다. 그래도 워낙 정이 든 저울인지라 수리하여 사용하려고 여러 번을 시도하였으나 너무 오래된 저울이고 현재 부품이 없어 수리가 불가능하다는 결론들뿐이었다. 마침내는 학교 관리과에서도 수리할 가치가 없다는 이유로 서류상으로 파기시키게 되었다.

그래도 나는 이 저울에 정이 들어 파기 후에도 실험실 한구석에 보관해 왔었다. 이렇게 지나길 근 10여년, 어느 날 모 기기회사의 직원인 K씨가 내 실험실을 방문하게 되었다. K씨는 이 저울을 보고는 나보다도 더 반가운 표정으로 "어떻게 이 저울을 지금껏 사용하고 계시냐?"며 자기가 이 저울에 대해서는 눈을 감고도 분해 조립할 수 있다고 하지 않는가. 그 분은 오래전 어느 큰 과학기기상사의 A/S기술자로 근무했는데 그때 이 저울의 수리가 바로 자신의 담당분야였다고 했다. 그 말을 듣는 순간 나도 어떻게 반가웠는지! 그러면 이 저울이 고장 난 상태인데 고쳐줄 수 있겠느냐고 물으니 쾌히 승낙하지 않는가! K씨는 저울의 뚜껑을 열고 전원을 켠 다음 한 참을 이리저리 살피더니 "아무래도 내 사무실로 갖고 가서 자세히 보아야겠다"고 하였다. 나는 그 순간 역시 수리하기 쉽지 않음을 직감했으나 그래도 한 번 더 기대해보고 싶었다.

K씨는 저울을 가져갔고 그 후 며칠 지나 다시 가져 왔다. K씨는 "자세히 보니 작은 조임 나사가 풀려 떨어져 기계 사이에 박혀서 저울 전체를 분해하여 새로 조립했다"고 설명하였다. 그 분은 녹이 난 부분은 모두 벗기고 깨끗이 칠하여 새로운 모습의 저울을 만들어 왔다. K씨가 가지고 온 100g짜리 메틀러 스탠더드 추를 얹어보니 정확하게 눈금이 맞지 않은가! 그 때의 반가움이 얼마나 컸는지! 그 때의 기분은 마치 잃어버렸던 오랜 지기를 다시 만난 기분이었다.

수리비가 얼마 되겠느냐고 물으니 극구 사양했다. 자기도 오래전에 이 저울을 다룬 경험이 아주 많아서 기쁜 마음으로 분해해 보았다고 하며 실제로 들어간 것은 사무실에 쓰다 남은 페인트 조금 칠한 것뿐이라며 수리비를 사양하였다. 이 얼마나 고마운 일인가! 만약 K씨를 만나지 못했더라면 이 저울은 영원히 파기된 폐기물이 되었을 텐데 인연이란 참으로 묘하다는 생각이 들었다. 모든 인연은 우연이 아니고 필연이라는 불교의 연기설을 조금이나마 이해할 듯했다.

나는 아침마다 실험실을 한 바퀴 돌며 여러 기기의 작동상태를 확인하곤 한다. 그 때마다 메틀러는 제자리에 반듯이 앉아서 나를 본다. 그리고는 '작동 이상 無! OK!' 하고 나에게 보고하는 듯하다. 그러면 나는 '아! 이 보시게나, 앞으론 절대로 고장 나지 말고 잘 있게나' 하고 답하며 발을 옮기곤 한다.

(1996)

만나고 싶은 교수, 피하고 싶은 교수

나는 많은 교수를 만나고 싶다. 그러나 피하고 싶은 교수도 많다. 말없이 연구실을 지키며 정진하는 교수는 만나고 싶고 이 일 저 일에 감초처럼 관여하는 교수는 피하고 싶다. 절제된 언행에 소박한 교수는 만나고 싶고 자기합리화를 위해 궤변을 떠는 교수는 피하고 싶다. 정직하고 투명한 교수는 만나고 싶고 교수의 권위를 말로만 유지하는 교수는 피하고 싶다. 다소 투박한 교수는 만나고 싶고 매끄러운 나머지 분위기 따라 변하는 교수는 피하고 싶다. 촌스러운 듯 한 직선적인 교수는 만나고 싶고 우회적인 편법에 능한 교수는 피하고 싶다. 작은 일에 기뻐하는 교수는 만나고 싶고 큰 몫만을 쫓는 야심찬 교수는 피하고 싶다. 자신을 자신 있게 표현하는 교수는 만나고 싶고 남들 다 말하고 나면 눈치 보며 따라가는 교수는 피하고 싶다.

나는 합당한 연구비에 만족할 줄 아는 교수를 만나고 싶다. 그러나 부를 축적하는 듯 연구비 받기에 촉각을 드세우는 교수는 피하고 싶다. 자신의 연구결과를 자랑스럽게 표현하는 교수는 만나고 싶고 남의 연구결과를 속되게 말하는 교수는 피하고 싶다. 자신의 빛나는 연구업적을 때도 시도 없이 말하는 교수는 피하고 싶고 남의 연구업적을 조용히 칭찬하는 교수는 만나고 싶다. 혼자서만 왕국을 이루며 연구하려는 교수는 피하고 싶고 더불어 함께 공동 연구하려는 교수는 만나고 싶다.

나는 학생에게 권위주의적인 교수를 만나고 싶다. 그러나 학생과 적당히 타협하는 교수는 피하고 싶다. 학생의 작은 잘못에 편견을 갖는 교수는 피하고 싶고 엄하면서도 잘못을 슬쩍 눈감아 줄줄 아는 아량 있는 교수는 만나고 싶다. 자신을 위하여 학생을 이용하려는 교수는 피하고 싶고 학생을 위하여 자신의 것을 나누어 주려는 교수는 만나고 싶다. 이미 졸업한 제자를 항상 제자로만 생각하는 교수는 피하고 싶고 졸업한 제자를 인생의 후배로 존경하고 아끼는 교수는 만나고 싶다.

나는 선배교수를 존경할 줄 아는 교수를 만나고 싶다. 그러나 혈기방자한 나머지 동등한 교수라고만 생각하는 오만한 후배교수는 피하고 싶다. 자신의 몫을 후배교수에게 베푸는 교수는 만나고 싶고 후배교수의 몫까지 챙기려는 선배교수는 피하고 싶다. 어려운 일을 후배교수에게 모두 떠넘기는 교수는 피하고 싶고 후배교수를 위하여 울타리 역할을 해주는 선배교수는 만나고 싶다. 동료교수를 경쟁관계로만 인식하는 교수는 피하고 싶고 동료교수를 우정과 공동 진화를 위한 파트너로 존중하는 교수는 만나고 싶다.

나는 기자재에 자물쇠를 채워두고 아끼는 교수는 피하고 싶다. 그러나 고장이 날지언정 필요한 사람에게 개방하는 교수는 만나고 싶다. 하는 일 없이 혼자서 넓은 공간을 차지하는 교수는 피하고 싶고 자신이 애써 가꿔온 공간도 필요한 사람에게 조건 없이 양보하는 교수는 만나고 싶다. 감정을 노출시키며 지나치게 비판하는 교수는 피하고 싶고 침묵의 지혜를 통하여 비판하는 교수는 만나고 싶다.

나는 보직에 과민한 교수는 피하고 싶고 보직교수의 노고를 위로할 줄 아는 교수는 만나고 싶다. 학교 일에 나 몰라라 하는 교수는 피하고 싶고 보직교수를 신뢰하고 협조하는 교수는 만나고 싶다. 잡다한 일로 너무 바쁜 교수는 피하고 싶고 때때로 한가한 가운데 골똘히 정념 하는 교수는 만나고 싶다. 때가 되면 명쾌하게 물러나는 교수는 만나고 싶고 지난 인연에 연연하여 어물정거리는 교수는 피하고 싶다. 정년퇴임에 가깝도록 연구만 하는 교수보다는 원숙해짐에 따라 인생의 풍류도 보여주는 노교수는 더욱 더 만나고 싶다.

(1995)

쓸쓸한 교수

얼마 전 방학동안의 텅 빈 캠퍼스를 보면서 불현듯 쓸쓸함을 느낀 적이 있다. 넓지 않은 교정에 근 2만여 명 그것도 활동반경이 넓은 20대 젊은이들이 뒤섞여 뒹구는 캠퍼스이고 보니 방학을 맞아 갑자기 텅 빈 교정은 마치 이방인이 보는 낯선 거리와 같았다. 푸른 잎으로 무성했던 자연의 대지가 겨울이 되어 긴 휴식에 들어가면 우리는 쓸쓸한 겨울 나그네가 되듯이 학생을 모두 떠나보낸 캠퍼스는 쓸쓸함 바로 그것이었다. 하기야 '인생은 어느 낯선 여인숙에서의 하룻밤'이라는 쓸쓸한 말도 있지만 근 20여 년을 몸담고 지내며 손때를 묻힌 교정이 이렇게 한 순간에 낯설고 쓸쓸한 모습으로 다가올 수 있음에 스스로 의아해 했다. 이제는 지천명知天命의 나이인지라 이곳 저곳에서 삶의 쓸쓸함이 보이기 시작함일까? 새삼스레 항상 바쁘게만 느껴졌던 캠퍼스에서의 지난 삶의 주기를 곰곰이 돌이켜 보았다.

대학교수는 어떻게 보면 참으로 다람쥐 쳇바퀴 도는 쓸쓸한 삶의 주인공인 것 같다. 풍성한 귀밑 검은머리에 뒤에서 보면 그래도 군대 제대 후 복학한 학생 같았고 풋풋한 젊음의 향기가 남아있던, 그리고 학생들과 함께 춤추며 어울려도 그다지 어색해 보이지 않던 20여 년 전 처음 교수생활을 할 때의 추억이 새삼스러웠다. 얼마 전에는 우리 학과의 졸업생을 길에서 우연히 만난 적이 있었는데 그 제자의 첫 인사가 "교수님, 안녕하셨습니까? 어, 그런데 교수님도 이젠 많이 늙으셨습니다"였다. 순간 뭐라고 인사에 대답을 해야 할 지 어색했던 기억이 난다. 하기야 작년에 찍은 증명사진만을 보아도 그 때의 모습이 지금보다는 더 젊어 보이는데 나를 오랜 만에 본 그 졸업생으로서는 너무도 당연하고 솔직한, 또 어떻게 보면 나를 걱정해주는 따뜻한 인사였기도 하다.

매년 봄이면 나는 어김없이 고등학교를 갓 졸업한 19세 홍안의 학생들과의 만남을 시작한다. 춘삼월의 설렘과 함께 찾아온 학생들과 반 학기를 수업하고 나면 중간고사, 그리고 축제, 그리고 다시 반 달 수업하고 성적 제출하고 나면 한 학기, 이렇게 두 번의 주기가 흘러가면 일 년의 삶이 눈 깜짝할 사이에 사라진다. 이렇게 4년이 지나 미운 정 고운 정 다 들고 농담이라도 할 만한 낯익은 얼굴이 되면, 그들은 어느 날 졸업식이라는 연례행사를 통해 썰물 빠져나가듯 뒤도 돌아보지 않고 훌쩍 떠나 버린다.

매년 2월 하순이면 어김없이 치러야 하는 졸업식, 이 날은 정말로 캠퍼스에서 가장 쓸쓸한 날이다. 사실 졸업이란 그 동안 선생님의 가르침이 훌륭했던 아쉬웠던 간에 그래도 애쓰며 가르쳐온 스승의 노고의 결실이다. 특히 대학원생일 경우는 최소한 2년 이상을 동고동락하며 다듬어 온 학문의 업적이기도 하다. 이러한 가르침으로 학생들은 졸업이라는 관문을 훌륭히 통과하고 새로운 시작을 하게 되는 것이다. 그래서 졸업식 날은 학생에게는 물론 교수에게도 그간의 노고를 함께 치하하고 감사하는 기쁜 잔치의 날이어야 한다.

근 20여 년 전 내가 처음으로 교수생활을 할 때 졸업식의 풍경은 비록 딸자식 시집보내는 듯 한 허전함이 있긴 했지만 그래도 서로가 축하하고 격려하는 훈훈한 날이었다. 예전의 졸업식 날에는 행사가 끝나고 나면 대학 본부에서는 학생기숙사 대 식당에 큰 가마솥을 걸고 돼지도 잡고 따뜻한 어묵국도 끓이곤 했다. 그렇지 않아도 싸늘한 2월 부산 바다 바람 속에서 공들여 가르치던 학생들을 모두 보내고 난 교수들은 그 자리에 함께 모여 허전함을 서로 위로하며 자축의 잔을 나누곤 했다. 또 이 날에는 성공한 졸업생들의 기업체들로부터도 맛있는 여러 가지 음식이 제공되곤 했다. 어느 해인가는 모교의 교수님들을 위하여 동원 산업에서 제공한 참치통조림세트 선물까지 받아서 집을 갖고 가니 선물이라고는 생전 받아와 볼 줄 모르는 융통성 없는 남편을 둔 아내가 크게 놀라워하며 "역시 당신이 근무하는 대학이 대한민국에 있는 대학 중 최고의 대학!"이라 하며 기뻐하던 모습이 눈에 선하다. 사실 그 때의 통조림은 돈으로 따지면 별것도 아니었는데 내가 지금까지 아내로부터 인정받아보았던 최고의 권위였던 것 같아 십 수 년이 지난 지금도 그 날의 으쓱함이 잊혀 지지 않는다.

요즘의 졸업식은 정말로 재미없다. 평교수에게 2월의 졸업식 날, 그날은 캠퍼스에서 제일 쓸쓸한 날이다. 차라리 행사가 없었으면 하는 생각도 든다. 대학은 온통 형형색색의 꽃다발과 고운 옷차림으로 화려한 잔치 집 같긴 해도 그 속을 보면 너무 무질서하고 격식도 없고 권위도 없으며 특히 자신을 가르쳤던 스승에 대한 예의와 감사의 모습은 전혀 찾을 수 없는 천박한 잔치가 되었다. 졸업식장에는 들어가지도 않고 그저 가운 걸치고 꽃다발 안고 폼 잡으며 사진 다 찍고 나면 우르르 몰려가서 실컷 마시고 먹어대는 그런 품위 없는 행사로 전락하였다. 예전에는 그래도 행사가 끝나고 나면 마지막으로 교수님과 같이 사진 찍겠다고 기다리는 학생들이 많았는데 요즘은 사진 찍자는 청을 들어본 지 오래다. 그래도 혹시 누가 사진 찍으려고 나를 찾는 것 아닌가 하는 생각에 주위를 두리번거리며 천천히 졸업식장 부근을 나오지만 이내 자꾸 옛날만 생각하는 구닥다리 착오임을 스스로 깨달으며 실험실로 달려온다. 그리고 사각모와 가운을 미련 없이 벗어 던진다.

이 날은 보통 정오 이전에 행사가 모두 끝난다. 그리고 학교 주위는 수많은 차량과 인파로 북새통을 이룬다. 허전한 마음에 일찌감치 빠져 나가려 해도 가는 곳마다 얼마나 복잡하고 시끄러운 인파의 홍수인지 엄두가 안 나서 그저 실험실에서 서성대곤 한다. 점심 시간이 훨씬 지나서 시장기를 느끼며 어디 가서 한 그릇 하고 싶은데 나갈 수도 없고 하여 학교 앞 중국집에 전화를 하면 평소에는 우동 한 그릇에도 그렇게 친절하던 양반이 그 날은 교수를 아주 우습게 여기고 귀찮은 듯 퉁명스럽게 거절한다. 이렇게 점심도 거르고 오후 서너 시까지 서성대다가 교정이 잠잠해지면 마치 만나야 할 사람 기다리다 못 만나고 힘없이 뒤돌아서는 사람의 모습으로 교문을 나선다. 그리곤 '오늘은 목욕이나 하고 들어가지' 하며 뜨거운 탕 속에 들어가 모든 것을 잊어버리려 한다.

그래도 대학에서 벼슬하는 높은 곳의 보직 교수들에게는 이 날이 그렇게 쓸쓸해 보이지 않는다. 졸업식이라고 여기저기서 아침부터 찾아오는 기름이 흘러 보이는 외부 인사들을 반가운 얼굴로 맞으며 사교도 하고 또 졸업식장에서는 많은 학부형들이 보는 가운데 학생을 불러 앞에 세우고 졸업장도 주고 상장도 주고 목에 메달도 걸어 주고 하니 행복해 보인다. 그런데 일 년 열두 달 학생들 가르치고 논문 지도하며 최일선에서 애쓴 평교수들은 점심도 거른 채 쓸쓸한 하루를 지낸다. 평교수에게는 아무도 관심이 없는 최근의 졸업식을 보면서 '내년 졸업식 날에는 아예 낚시나 하러 가야지' 하지만 막상 그 날이 되면 또 다시 먼지 묻은 가운과 빛바랜 황금빛 후드를 걸치고 반길 이 없는 식장을 들어선다.

매년 3월 초순이면 나는 반짝이는 눈동자와 발그스름한 홍안의

19세 앳된 신입생들 앞에서 '학문의 전당인 대학의 입학을 진심으로 축하하며… 학문의 상아탑 속에서 여러분의 드높은 지성을 위하여… 그리고 인류의 식량을 해결할 첨단 양식이야 말로 여러분이 해결해야 할 몫이니…' 해가며 학생들에게 없어서는 큰일 날 유일한 훈장訓長인양 훈시를 한다. 그러나 이들이 배움을 마치고 떠나는 졸업식이 되면 아무도 쳐다보지 않는, 있어도 되고 없어도 되는, 그저 그런 자신의 모습을 보면서 그렇게 희망했던 대학교수란 직종이 생각보다는 실속이 없는 빛 좋은 개살구 같구나 하며 씁쓸해 한다. 처음보다는 항상 끝이 멋져야 하는데, 학생 앞에선 교수의 모습은 이와는 거리가 멀기 때문이다.

교수의 이러한 쓸쓸함은 도대체 어디에서 연유하는 것인가? 이는 매년 운명적으로 만나야만 하는 똑 같은 연령의 미숙한 학생들 때문도 아니고 배우고 나면 손도 흔들지 않고 떠나버리는 졸업생 때문은 더욱 아니다. 또 대학 외부의 사회적 여건 때문만도 아니다. 이는 오로지 대학 스스로의 폐쇄성 때문이리라. 아마도 사회의 여러 집단 중에서 대학사회만큼 우정이 적은 곳도 없을 것이다. 지성인의 집단이라면서도 가장 편협하고 아량이 적으며 서로에게 박수 치는 데에는 제일 인색한 곳, 이곳이 바로 대학 사회 아닌가! 아마도 대학 교수는 대학교수에게, 그것도 바로 옆의 동료교수에게 가장 늑대 같은 존재인지도 모른다. 그래서 한 방에 모아 놓으면 서로가 헐뜯고 싸워대니까 학문의 독창적 연구라는 그럴 듯한 이름하에 교수실마다 오직 한 명만의 교수를 머물게 하고 또 그 교수실 사이의 벽을 그토록 두텁게 막았는지도 모른다.

일반적으로 보면 가정의 부부 사이도 젊었을 때는 이런저런 의견 차이로 부부싸움도 하지만 자녀들이 모두 성장하여 곁을 떠나면 그 때는 그래도 내 영감, 내 마누라가 최고라면서 자식은 울타리요 부부는 서로가 기둥이라 하지 않는가! 우리의 대학도 마치 가정과 같을 것이다. 제자는 그저 정성을 다해 기르고 나면 미련 없이 떠나는 것이고 그 허전함을 함께 위로하며 격려해 줄 수 있는 사람은 바로 함께 근무하는 동료교수가 아닌가. 옆에서 함께 지내는 교수의 연구를 방해하지 않는다는 그럴듯한 지성의 이름하에, 그가 죽었나 살았나도 모르고 무관심하게 살아가는 우리의 삶을 이제는 한번 쯤 돌이켜 보고 싶다. 학연과 지연에 따른 끼리끼리 만의 교수 만남이 아니라 캠퍼스의 모든 교수들이 무작위로 함께 뒤섞일 수 있는 만남을 만들고 싶다. 그리고 학생들이 모두 떠난 방학이나 졸업식 날 오후, 우리끼리 텅 빈 캠퍼스에서 장구도 치고 북도 치면서 서로의 노고를 격려하고 허전함을 위로하는 자축의 잔치를 열어보자. 이러한 따뜻한 추억이 일 년에 한 번만이라도 있다면 캠퍼스의 쓸쓸한 교수는 더 이상 없지 않을까!

(1999)

故 이택열(유스띠노) 교수님을 생각하며

　내가 故 이택열(유스띠노) 교수님을 처음 만난 인연은 1969년 1학기였다. 교수님께서는 1967년 봄에 수산대학 양식학과로 부임하셨으니 나는 학생으로서 교수님은 연구 교육자로서의 차이가 있으나 비슷한 시대에 부경대학교(구 부산수산대학)와 인연을 맺게 되었다. 내가 대학 1학년 때(1968년)는 어쩌면 교수님을 멀리서라도 뵐 기회가 있었으련만 대학에 갓 입학한 혈기방자 했던 그때의 나로서는 선배 따라 막걸리 집을 돌아다니며 노는 일에 혼이 팔렸던 때인지라 직접 강의를 듣지 않았던 교수님과의 만남은 솔직히 기억에 없다.

　교수님과의 인연은 내가 2학년 때 전공 선택 과목이었던 발생학 강의를 수강하면서 맺게 되었다. 첫 만남에서부터 26년이 지난 지금, 교수님은 명을 달리하셔서 육신의 만남은 더 이상 불가하나 지난 날의 교수님의 모습을 기억하며 마음과 혼으로 종종 만나고 있으니 교수님과의 인연은 지금껏 내가 살아온 인생의 반이상이 되는 긴 만남의 역사가 되었다.

　지금은 나도 모교의 강단에 서는 교수가 되었지만 교수님을 뵙던 강의실에서의 첫인상은 매우 온화하시고 자연스러워 보이는 분으로 기억이 난다. 학생들을 그렇게 크게 꾸짖으시는 것을 보지 못했고 설사 잘못한 학생이 있어도 학생이 너무 무안하지 않게 알면서도 적당히 모르시는 척 함축된 은유의 말씀으로 너그럽게 이해하고 감싸주셨던 것 같다. 특별히 붙임성이 없고 또 근엄하신 교수님 눈에 각인될 뛰어난 재주도 없었던 나에게는 교수님을 가까이 하기엔 너무 먼 님과 같았다. 따라서 교수님 주변에 머무르는 시간보다는 천방지축의 친구들과 미팅 파트너를 찾아 쫓아다니던 일이 나를 더 달콤하게 했던 시절이었고 보니 교수님과의 만남은 그저 강의를 통해 발생학 학점을 받았던 인연 이외에는 특별한 기억이 없다.

　군 복무를 마치고 복학한 후, 이택열 교수님과의 만남은 직접적이라기보다는 간접적인 만남이 더 많았다. 교수님의 친 아우께서는 나보다 3년 뒤에 양식학과에 입학하여 내가 복학한 후에는 같은 강의실에서 우정을 나눈 학우였다. 친 아우의 이름은 '정열' 이었는데 장난을 즐기는 친구들은 일부러 착각한 척 학우의 이름을 부를 때 '정' 자 대신 '택' 자를 부르면서 익살을 떨며 재잘거리곤 했다. 이러한 모든 부담 없는 장난들은 교수님의 온화한 성품에 친근감을 느낀 때문으로 생각되어 버릇없는 짓을 하면서도 마냥 웃어대기만 했던 학창시절의 추억이 새삼 뇌리를 스친다.

　교수님의 실제인 이정열 박사와는 학우가 되어 학창생활을 함께 하면서 교수님은 나의 스승으로서 또 우정 어린 학우의 형님으로서 하나의 인연이 두 인연으로 더욱 깊어졌고 그 때부터 교수님은 항상 내 곁에 가깝게 계시는 분으로 자리 매김을 한 것 같다. 이정열 교수와는 지금도 같은 분야를 연구하고 가르치는 공동체로서 그 만남이 계속 유지되고 있다. 요즘도 이 박사를 만나면 교수님을 뵌 듯한 환시의 만남을 느끼니 교수님과의 인연은 명을 달리하면 모든 것이 끝나는 단순한 만남이 아니라 하나를 통한 곳곳의 넓고 깊은 만남의 연속인 듯하다.

대부분의 경우가 그렇지만 대학을 졸업하고 치열한 사회에서 생활하다 보면 특별한 연고가 닿지 않는 선생님들과는 마음의 창을 열고 있을 뿐 실제 찾아뵙는 예가 매우 적음이 사실이다. 나 역시 졸업 후 외국에서 공부를 마치고 귀국하기까지는 그저 끊임없이 밀리는 과제에 찌들려 연말이 되어도 교수님께 연락 한번 드리지 못했고 일상속에서의 교수님은 거의 잊힌 상태였다.

잘은 모르지만 내가 외국에서 체류하는 동안 교수님께서는 학교의 교무처장직을 수행하시면서 훌륭한 업무처리를 하신 것으로 알고 있다. 그때까지만 해도 본 대학에서의 타교 출신 교수는 숫자적으로 매우 적었고 타교 출신의 교수가 이렇게 일찍 출세(?) 해본 일은 없다고 하며 주위 사람들의 칭찬과 부러움을 함께 받으셨다고 한다. 이러한 일들 역시 교수님의 타고난 친화력과 합리적인 사고로 많은 사람들에게 신뢰감을 주었기 때문이라 생각된다.

내가 교수님을 보다 가까이서 뵙고 느끼게 된 것은 1982년 본교 조교수로 부임하면서 부터였다. 오랜만에 뵙는 터라 그런지 교수님의 머리는 벌써 반백을 지난 상태였고 온화한 미소는 예전과 다름이 없는데 이마의 주름은 실제의 연세보다 훨씬 웃돌아 보였다. 사제지간과 또 학우의 형님이라는 인연을 넘어 이제는 같은 대학에서 후학을 위해서 가르치고 연구하는 동료교수의 공동체가 되고 보니 예전의 사제지간 때에는 나눌 수 없었던 또 다른 만남의 장이 펼쳐진 셈이 되었다.

말이 대학교 교수이지 실상 와서 보니 책상 의자 한 벌과 캐비닛 하나가 전부였다. 그래도 모교출신 제자교수인지라 학과의 스승교수님들은 특별히 책장을 제작하도록 베풀어 주셨는데 지금 생각해보면 참으로 불우한 시대에 젊은 교수시절을 지낸 것만 같은 아쉬움이 있다. 내가 옆에서 보기에도 학과의 원로 교수님들 역시 특별한 여유가 있어 보이지 않았다. 내가 학교 다닐 때 모습에서 그리 큰 변화가 없이 몇 십 년 전부터 이어져오는 구닥다리 기기와 가구를 그대로 갖고 계시니 새로 부임한 제자교수를 위하여 큼직한 2단 책장을 특별히 제작하여 주신 것만 해도 그 당시로는 큰 베풂이 아닐 수 없었다.

이택열 교수님의 교수실은 1호관 1층 중앙의 북측에 위치한 방이었는데 예전보다는 많은 대학원 학생들이 옹기종기 모여 조직표본 염색에 열심이었다. 내가 외국대학에서 지냈던 상황이나 귀국하여 잠시 근무했던 한국과학기술원(해양연구소)의 실험실 사정과는 엄청난 차이가 있어 대학의 교수들이 생각보다 불쌍해 보였던 시절이었다. 원로교수님들의 실험실을 보더라도 빈곤했고, 매우 근검절약하는 모습들은 꿈에 부풀어 갓 부임한 나를 위축시키기에 충분하였다. 풋내기 교수인 내가 보기에도 대학이 이렇게 답답할 지경이었으니 아마도 이택열 교수님께서는 그러한 나의 마음을 잘 읽으셨던 듯, 하루는 인사차 들른 나를 보고는 "빨리 실험실을 셋업하도록 노력하라"고 격려하셨다.

지금 생각해보면 교수님께서는 언어를 화려하게 구사하지도 않았고 또 많은 말씀을 하지도 않으셨다. 술자리가 되면 대화가 풍부하고 풍류의 기지가 번득이고 때에 맞는 구수한 한마디로 좌중의 긴장을 녹이고 웃음의 장을 유도하시곤 했지만, 일상에 접한 일이거나 교수로서의 직업적인 견지에서의 태도는 항상 현실의 상황보다 넘침이 없었고 절제된 언행을 보이셨다. 실험실을 빨리 셋업하라는 격려는 젊은 제자를 동료 교수로 맞는 스승교수로서, 가장 적합한 격려와 염원의 한 말씀이었음을 십여 년의 세월이 지난 후에 더욱 뜻깊게 이해하게 되었다.

그해 교수님께서는 일본으로 가서서 일 년을 체류하셨는데 가족을 두고 홀로 그곳에 가 계시니 어찌 불편하고 쓸쓸함이 없으셨겠는가. 교수님께서는 간단한 엽서에 "어서 빨리 허 선생과 보리술이라도 한잔하고 싶다"라고 적어 보내시니 연령과 서로의 지위에 관계없이 항상 사람을 사랑하고 그리워하는 교수님의 성품은 한 장의 엽서에서도 충분히 읽고도 남음이 있었다. 교수님은 문자 그대로의 경천애인敬天愛人의 삶을 사신 분임을 이런저런 일로 이해하게 되었다.

그때쯤 나는 모교에서 내가 해야 할 일이 무엇이겠는가 하며 골똘히 생각할 무렵이었다. 그 당시 나는 앞으로의 우리나라 천해양식의 문제점과 우리의 여건을 감안할 때 대연동의 캠퍼스에는 바닷물의 사용이 불가하여 동백섬 해양과학연구소로 옮겨야하겠다는 결정을 하였다. 그러나 동백섬 연구소에 가서 보니 내가 머물 연구실의 공간이 있을 듯 보이면서도 실상 여유 있는 공간이 없어 하루는 이 방, 하루는 저 방, 오전에는 도서관, 오후에는 강의실로 자리를 옮기며 지낼 때였다. 그 무렵 교수님께서는 일본에서 일 년 만에 귀국하셨다. 일본으로 떠나시기 전까지만 해도 교수님께서는 학교와 연구소를 오가며 두 집 살림을 하셨는데 귀국하신 후 이 방 저 방을 돌던 나를 보시고 또 아마도 학교로 실험실을 통합하는 것이 편리하겠다는 생각을 하셨는지 "허선생 내방을 정리하고 사용하지"하시며 당신께서 십 수 년을 지내시던 연구실을 선뜻 내게 내어 주셨다.

여하튼 교수님께서는 그 당시 이렇다 할 아무 말씀 없이 빛바랜 당신의 많은 자료들을 치우시곤 방을 비워 주셨고 그 이후 나는 거의 매일 그곳에 머무르며 뿌리를 내렸다. 언젠가 꽤 오랜 시간이 지난 후 한번은 술자리에서 교수님의 동백섬 시절 이야기가 나왔다. 교수님은 "내가 그래도 동백섬 연구소에서 잔뼈가 굵었는데~"하시며 꽃피는 동백섬 연구소의 추억을 한참 이야기 하시는 것을 보면서 오래 전 "허 선생 내방 정리하고 사용하지"라는 간결한 한 말씀

뒤에 있었을 당신의 집착과 미련을 늦게나마 이해하였다. 이러한 인간적 망설임이 있었음에도 불구하고 그렇게 절제된 온화한 한 말씀으로 마음을 비워 표현하셨던 교수님의 모습은 시간이 지날수록 오히려 내 기억 속에 더욱 뚜렷이 새겨지고 있다.

현재 나 역시 이곳 동백섬 연구소에서 13년째 상주하고 있다. 십수 년 젊은 시절 땀의 체취와 추억이 깃든 자신의 연구실을 선뜻 비워주기란 일반적으로 생각하듯 그렇게 쉽지만은 않은 일임을, 긴 시간이 흐른 지금에서야 내 스스로 알게 되었다. 따라서 그때의 고마움은 오히려 이렇게 시간이 흐르면서 더 진하게 느껴지고 그 고마움을 옳게 표시하지도 못하고 이제는 이승과 저승으로 갈라진 때 이른 이별을 생각하니 가슴속엔 채워지지 않는 회환이 맴돌 뿐이다. 같이 동백섬 연구소에서 상주하셨다면 더욱 좋았을 텐데 하는 아쉬움도 그 당시에는 미처 깨닫지 못했고 긴 시간이 지난 후에야 깨달으니 인생의 삶이란 이렇게 지나고서야 깨닫는 어리석음의 연속인 듯도 하다.

그 이후 같은 대학에 근무하면서도 나는 동백섬에서 교수님은 학교에서 주로 머물렀다. 그저 이따금 공적인 이런저런 일로 뵙곤 했으나 그럴 때마다 공식적인 일 처리가 우선 이었으니 그동안 흐른 세월은 비록 길다 해도 실제 만남의 시간은 지척임에도 불구하고 매우 뜸했다. 그러다가 또다시 내가 교수님과 새롭게 만날 수 있었던 고리는 교수님이 천주교 영세를 받으신 이후 부터이다. 나는 오래 전부터 천주교 신자였는데 교수님께서는 자당께서 원불교 신자였기에 교수님도 원불교에 인연을 맺으셨다 한다. 원래 사모님께서는 천주교 신자이신데 한 가정에 종교가 둘인 점이 다소 어색하여 자당께서 생존하실 동안은 원불교에 적을 두고 계셨고 자당께서 별세한 이후에는 사모님과의 약속대로 천주교로 귀의歸依하셨다고 들었다. 여하튼 교수님의 영세는 나와는 같은 신앙생활을 하는 도

반道伴의 새로운 인연이 되었으니 교수님과의 만남은 이렇게 우연이 아닌 필연의 만남인 듯 했다.

교수님의 천주교 입교는 비록 늦으셨으나 이미 깊은 영성을 갖고 살아오신지라 매우 원숙하셨고 성당의 일에도 적극적이어서 본교 가톨릭 교수회와 부산교구 가톨릭 교수회를 위해 많은 봉사를 하셨다. 성당 이야기로는 영세를 받는 순간 천주의 자녀로 다시 태어나는지라 영세한지 얼마 안 되는 신자를 갓난아이라 표현하는데 교수님께서는 갓난아이임에도 불구하고 매우 깊고 높은 완덕의 신앙생활을 하신 듯하다. 이러한 교수님을 뵐 때마다 오랜 기간 주말이면 성당을 기계적으로 오고가던 내 자신과는 너무 대조적이어서 많은 느낌과 교훈을 받기도 하였다.

내 나이 마흔이 되도록 교수님과의 만남은 이렇게 뜨겁지도 또 멀지도 않게 지냈다. 마음으로부터는 항상 가깝게 느끼곤 했어도 일상의 생활에서는 특별히 하는 일 없이 자주 뵙지 못하고 한 학기 한 학기를 지내곤 했다. 교수님은 항상 온화하시고 다른 사람을 편안하게 해주시는 분이시니 마치 이곳저곳을 날던 새들이 그늘진 숲을 찾아 쉬어가고 또 머물듯 교수님 주변에는 항상 많은 사람들이 머물렀다. 제자, 동료교수, 선후배 교수 등은 물론 그 만남의 폭은 연령과 지위 그리고 분야를 초월하였던 것 같다. 아마도 이와 같이 교수님 주변의 많은 사람들이 있었기에 나는 직접 교수님을 뵙지 않아도 교수님의 정황을 여기저기서 들을 수 있었고 또 그것으로 만족했던 것 같다. 그래도 가끔씩 교수님과 만날 기회가 되면 특별한 긴말이 없었고 오랜만의 상면일지라도 엊그제 뵌 듯 했으니 이는 비록 육신의 만남은 적었어도 마음으로부터의 만남이 항상 함께 있었기 때문이 아닐까 생각된다.

1988년 우리나라에서는 올림픽을 한다고 나라 전체가 떠들썩하였는데 나는 개인적으로 다소 어려운 한해를 보냈다. 교통사고 이

후 건강이 안 좋아 꽤나 긴 계절을 특별한 증상 없이 힘들게 지낸 적이 있다. 병원에서는 특별히 구조적으로 큰 이상이 없다는 데도 왜 그렇게 정신이 없고 온몸이 축 늘어졌었는지, 그러한 일을 처음 당해본 나는 꽤 답답하고 힘들어 하곤 했다. 근 2년간을 이러한 상황에서 침체해 있던 나에게 교수님께서는 온화한 모습으로 마음 든든히 먹고 지내라며 항상 격려하시곤 했다. 교수님은 이렇게 나에게 건강 조심하라고 걱정해 주셨는데 어느 날 갑자기 교수님의 건강이 위독하다는 소식을 들었으니 나는 교수님께 건강 조심하시라는 흔한 인사 한번 못 드린 셈이 되었다.

교수님께서는 병명을 아시기 얼마 전 까지만 해도 저녁에 우연히 만나 맥주를 함께 드시고 나오며 언제 시간내어 기장집(기장에 있는 나의 집)에 놀러가자고 하시던 말씀이며, 박사학위논문 심사 후 저녁을 드시다가는 산업대학원 문제로 일찍 자리를 뜨시며 잊지 않고 한잔 더 권하시고 떠나는 따뜻함을 보여 주셨기에 갑작스러운 교수님의 병마는 더욱 나를 당황케 하였다. 1993년 후학기 교수님께서는 이미 많은 육체적 어려움을 느끼고 계실 때였을 텐데 주위 사람들에게는 그렇게 당신의 어려움을 보이지 않으셨다. 오히려 낙천적이고 대범한 자세로 다른 사람들을 격려하고 학교 일을 걱정하셨다. 마치 한 자루의 초가 어둠 속에서 스스로를 태우며 주위를 밝히듯 교수님께서는 마지막까지 항상 그러하셨다.

교수님의 병색은 하루하루 깊어지셨다. 그러나 교수님께서는 모든 일에 최선을 다하신 듯 하다. 지도 중이던 대학원 학생들의 논문 정리도 매듭을 지으셨고 산업대학원 일도 하실 수 있는 한 스스로 모든 것을 정리해 나가셨다. 치료 역시 희망과 믿음을 갖고 최선을 다하신 듯하다. '주님의 종이오니 뜻대로 이루어지소서' 하는 믿음으로 순명하시면서도 인간으로서 할 수 있는 치유를 위한 모든 노력을 담담하게 하셨다. 정말로 어려운 상황에서 끝까지 흐트러짐

없이 투병을 하신 점은 하느님이 보시기에도 매우 훌륭한 모습이었
으리라 굳게 믿어진다. 며칠 전 까지만해도 교수님과 반주를 곁들
여 저녁을 함께 했던 나로서는 교수님께서 그렇게 어려운 병마를
갖게 되신 것이 내내 믿어지지 않았고 곧 나으실 수 있을 것으로만
믿었다.

교수님은 믿기지 않을 정도로 수척해지셨다. 예전에 나에게 주셨
던 위로와 격려처럼 나도 교수님께 도움이 되어야 할 텐데 하는 안
타까움 속에서 속절없는 시간만 흘렀다. 찾아뵙고 인간의 언어를
빌려 무어라 위로해 드릴 수 있는 시기를 이미 놓친 듯한 냉엄함을
느끼면서 그저 마음으로 기도할 뿐이었다. 자주 뵙고 인사드리고
싶었지만 교수님의 모습을 본다는 것이 너무 마음 아픈 일이었고
또 너무나 귀한 마지막 시간을 내가 방해 하는 듯한 죄책감 때문에
여러 번을 망설이다가는 돌아서곤 했다. 그저 교수님 댁을 누가 다
녀왔다 하면 귀를 세우고 그분의 이야기를 들으며 위로를 드릴 뿐
이었는데 다녀온 사람들의 이야기는 갈수록 무거울 뿐이었다. 이제
생각해보면 교수님이 그렇게 일찍 떠나실 줄 알았으면, 댁으로라도
자주 찾아뵈었다면, 이처럼 큰 공허함이 덜했을 것 같은 아쉬움도
들지만 이것이 교수님과의 육신의 인연일진대 이를 너무 아쉬워함
은 떠나신 교수님께서도 원치 않으시리라 생각하며 마음을 달랠 뿐
이다.

교수님은 쉰아홉이라는 이른 연세에 명命을 달리 하셨지만 그동
안 남을 위하여 일 하시고 남기신 것을 기준으로 이승의 생을 헤아
린다면 그 누구보다 많은 삶을 사셨다고 생각된다. 당신 자신은 항
상 온화한 미소로 변함이 없었지만 친절하고 간결한 말 한마디와
소박한 삶의 자세로 주위의 많은 사람들을 따뜻하게 변화 시키셨
다. 교수님께서는 걸림이 없는 바람처럼 자유로움을 즐기시더니 어
느 날 아무 말씀 없이 옷을 갈아입으시곤 한 마리 자유로운 새가 되

어 훨훨 날아 가셨다. 떠나신 후에도 살아계실 때 보다 오히려 더 맑고 깊은 영혼의 말씀을 건네주시는 듯 함은 비단 나만이 느끼는 감회가 아닐 듯하다.

 벌써 오는 9월 27일이면 교수님의 1주년 기일이 된다. 옷깃을 여미고 마음으로부터 교수님을 위한 연미사를 보내 드린다.

(1995)

정년퇴임

요즘 심심치 않게 듣는 말 중의 하나가 "대학은 정년이 몇 세 입니까?"하는 말이다. 하기야 내 주위의 친구들이 이젠 거의 현직에서 물러나 속된 말 그대로 '백수'로 지내고 있다. 공무원으로 있던 친구들도 명퇴니 공로연수니 하며 거의 퇴직을 했다. 그저 학교에 남아 있든지 아니면 개인 사업을 하는 몇몇 친구들만이 아직 현직에 남아 있을 뿐이다. 그러니 이미 정년을 했을 법한 나이인데도 여전히 현직에 있는 것 같은 내 모습에 남들이 궁금하게 물어보는 것도 쉽게 이해가 된다. 한참 일 할 나이에 직장에서 물러서야 한다는 것이 심각한 일이 아닐 수 없는데도 불구하고, 요즘 우리 사회에서는 '사오정'이니 '오륙도'니 하는 말들에 대해 그다지 낯설지 않게 받아들인다. 원체 급변하는 사회이고 또 변화에 신속히 적응하는 우리 민족의 특수성 때문일지도 모른다.

어떤 의미에서 '정년퇴임'이란 매우 자연스러운 말이다. 모든 생물에게 있어 앞으로도 살 수 있는 절대적 수명이라는 것은 현재의 연령에 따라 항상 상대적으로 변하는 것이다. 그러니 모든 생물은 연령에 따른 나름대로의 역할이 있기 마련이다. 또 그 연령이 다 하면 해 오던 역할에서 물러나게 됨은 너무나 당연하고 자연스러운 법칙이기도 하다. 그러나 요즘 우리 사회에서의 정년퇴임은 본인이 희망한다거나 또는 때가 다 되어 자연스럽게 은퇴하는 것이 아니라 강제로 물러나게 하는 경우가 많으니 당사자의 입장에서는 은퇴가 아닌 생존 자체의 문제가 되는 것이다. 이런 경우의 정년퇴임은 우리 모두를 쓸쓸하게 하며 사회적인 불안 요인이 되기도 한다.

돌이켜 보면 예전에는 요즘과 같은 특별한 은퇴의 개념이 없었다. 그저 일하기 벅찬 나이가 되면 나이에 맞는 적당한 일을 하다가 생을 마감하였다. 이러한 현상은 요즘 시골에서도 마찬가지이다. 나이가 많이 든 노인이 큰 농사를 지을 수는 없지만, 생을 다 할 때 까지 집 앞 텃밭에서 자기에게 맞는 적당한 일을 하다가 세상을 하직하는 모습을 많이 보기 때문이다. 시골 노인들이 이렇게 자연스럽게 생을 마감하는 모습을 보면 경건함을 느끼지 않을 수 없다. 시골에서 농사짓는 분들이 비록 힘들어 보이긴 해도, 나이가 들수록 자꾸만 그분들의 삶이 부러워지는 이유는 이러한 경건한 모습 때문이리라. 그러니 정년이 언제니 하며 노심초사하는 사람들은 모두가 다 도시를 떠나지 못하고 도시의 노예가 된 불쌍한 사람들이 아닌가 하는 측은함이 드는 것이다. 도시인들의 모습이 비록 화려해 보이긴 하나, 빛 좋은 개살구 같다는 생각을 지울 수 없음이다.

미국에서 '은퇴' 즉 'retire' 라는 말은 보험업자들의 상술에 의해 대중화 되었다고 한다. 이차세계대전 이후 미국의 보험회사는 도시 직장인들에게 보험 상품을 판매하기 위해서, 은퇴 한 후 안락하게 쉬고 즐기기 위해서는 젊어서부터 보험에 가입해야 한다는 상업적인 홍보를 집약적으로 했다한다. 이러한 홍보에 세뇌된 도시인들은 정년이 되어 은퇴 한 후에는 아무 일 없이 즐기고 안락하게 사는 것만을 생각하는 풍조가 생겼다는 것이다. 그러나 사실 이러한 상업적 홍보는 자연의 진실을 왜곡하는 인위적인 광고에 불과한 것이다. 자연속의 어느 생물이 나이가 들었다고 해서 안락하게 쉬고 즐길 수만 있을까? 살아 있는 모든 생물은 생존을 위하여 끊임없이 환경의 변화에 스스로 적응해야만 한다. 이러한 과정에서 연령에 따른 차이는 있으나 적응과 생산을 위한 최소한의 수고와 노력은 언제나 요구되는 법이다. 마치 농촌의 노인들이 세상을 하직하기 직전까지도 텃밭에서 나름대로 소규모의 경작을 하듯이 말이다.

현재 우리나라 대학 교수의 정년퇴임은 65세이니 다른 어떤 직종보다도 늦은 편이다. 대학교수의 정년 연령을 두고 줄여야 한다는 이야기도 있고 또 늘려야 한다는 주장도 있다. 학문에 무슨 정년이 있을 수 있느냐는 논리에서 보면 후자의 주장도 일리가 있다. 그러나 생산성의 관점에서 보면 오히려 전자의 논리가 설득력이 있을 수도 있다. 가까웠던 선배교수들이 한 두 분씩 학교를 떠나고 있으니, 예전에는 남의 일로만 여겨졌던 정년퇴임이 이젠 더 이상 남의 일이 아님을 실감한다. 그 동안 학교를 떠난 많은 선배 교수들을 보면 정년을 맞이하는 교수들의 스타일이 생각보다 다양하다.

어떤 분은 정년퇴임과 동시에 무슨 과시라도 하듯이 한 순간에 주변을 모두 정리하고 떠나는 분이 있다. 마치 칼로 무 자르는 듯 결연하고 단호한 모습이 훌륭해 보이기도 한다. 그러나 아직까지도 다가 올 이별을 실감하지 못하고 있는 동료들을 위해 조금은 더 배려해 주었어야 하지 않나 하는 섭섭함을 느끼기도 한다. 이런 면에서 보면 정년을 얼마 안 남긴 노교수들은 사전에 정년 연습을 해 볼만도 할 것 같다. 중요한 학과 회의에서도 꿀 먹은 벙어리 모양 조용히 듣기만 한다거나, 때로는 학과 회의에 의도적으로 빠진다거나 하며 슬슬 떠날 준비를 하는 것도 주변 동료들을 배려하는 덕행인지도 모른다.

그런데 이와는 반대로 어떤 분은 정년퇴임이 내달인데도 항상 자기의 주장이 앞서고, 전혀 떠날 것 같지 않은 분위기를 연출하곤 한다. 이 경우 남아 있는 후배 교수들은 은근히 불쾌하기도 하고, 때로는 '안 나가면 어떡하나' 하는 걱정을 하기도 한다. 또 어떤 분들은 이미 정년퇴임을 했는데도 불구하고 계속 학교에 머무를 수 있는 것 같이 행동하시는 분들도 계신다. 현실적으로 정년퇴임을 하고 나면 특별한 계약에 의해서 새로 고용이 되지 않는 한, 독자적인 공간을 차지할 수 없다. 그러나 오랜 동안 학교에 나오는 것에 익숙한 나머지, 퇴임 후에도 학교를 나와야만 하는 분들인 것이다. 그러니 학교의 이곳저곳을 마치 이방인처럼 기웃거리는 모습을 보이기도 한다. 이런 선배 교수들의 모습을 볼 때가 가장 마음이 무겁다. 이분들의 입장을 충분히 공감 하면서도 '저러면 안 되는데' 하는 연민을 떨칠 수 없다. 이런 분들의 경우는 정년퇴임은 했지만 실제로 마음으로부터의 은퇴는 하지 못한 분들인 것이다. 무엇인가 일은 더 하고 싶은데, 또 할 수도 있는데, 사회적인 현실 여건이 허락되지 않으니 이런 모습을 볼 때마다 우리사회의 답답함을 토로하지 않을 수 없다.

우리가 사는 세상이 혼자만의 세상이 아니고, 또 우리 각자는 큰 조직속의 한 구성원이므로, 우리는 우리의 본의와는 달리 공동체 나름대로 정해진 '정년' 이라는 틀을 수용할 수밖에 없다. 중요한 것은 사회적으로 정해진 '정년퇴임' 그 자체가 아니라, 본인 스스로 마음으로부터의 은퇴를 할 것인가 말 것인가 하는 것이다. 만약 정년 후에도 일을 더 계속하고 싶다면 정년퇴임 이전에 퇴임 이후에 할 일을 면밀히 준비해야만 한다. '미래는 준비하는 자의 것' 이란 말 그대로 이다.

그러나 만약 정년퇴임 후 진정한 은퇴를 받아들이고자 한다면, 퇴임과 동시에 마음의 은퇴를 확실히 해야 한다. 어떤 경우는 정년퇴임을 한 이후에도, 아무 허락이나 계약 없이 자신이 사용하던 시설과 공간을 계속 차지하고 있는 예를 보기도 한다. 이러한 경우는 매우 특별한 경우이고 또 보기 드문 예이기는 하나, 그래도 우리 주변에 여전히 존재하고 있다. 이와 같이 자신은 대선배이고 어른이라는 지극히 개인적인 생각만으로 공과 사를 구분하려 하지 않는 경우는, 알게 모르게 주변의 많은 사람들에게 고통을 주고 공동체의 발전을 저해하기도 한다.

'정년퇴임'이란 일정한 나이가 되면 본인의 의사 여부에 관계없이 모두가 동일한 기준 하에서 물러나야만 하는 냉혹한 하나의 사회적 문화이기도 하다. 그러니 길은 오직 두 갈레, 냉혹한 사회적 문화에 맞서 당당하게 젊은 세대와 생산적인 경쟁을 계속하던지, 아니면 진정한 마음의 은퇴로 여유 있는 자연인의 길을 택하던지 할 것이다. 이 두 길은 모두가 다 아름답고 고귀하다. 그래서 어느 것 하나만 택하기란 생각처럼 쉽지 않다. 나이 들면서 지혜로워 질수 있는 방법이 '포기를 잘 할 줄 아는 것'이라는 말과 같이, 둘 중 하나는 깨끗이 포기 해야만 한다. 여하튼, 이것도 아니고 저것도 아닌, 양쪽 모두에 미련을 두는 것이야 말로 진정 경계해야 할 일이다.

(2007)

물과 같은 마음

여성과 바다

　우리말에는 명사의 성性이 없지만 불어나 스페인어와 같은 라틴 계통의 언어에는 남성과 여성의 구분이 있다. 예를 들면 태양은 남성 달은 여성이며, 불은 남성 물은 여성으로 표현한다. 대부분의 경우 이와 같은 서양 단어의 성은 우리가 일반적으로 느끼는 그 단어의 동양 철학적 개념과 거의 비슷하다. 그러나 '바다'의 경우 서양에서는 여성으로 표시하는데 이는 바다를 항상 무쇠팔다리를 갖춘 남성의 전유물로 생각하는 우리의 정서와는 큰 차이가 있는 듯하다. 만약 세종대왕이 한글의 명사에 성을 구별하셨다면 바다는 분명 남성으로 표시하셨을 것 같다.

　자연의 사물을 접하는 동양과 서양의 생각은 거의가 비슷한데 유독 바다에 대한 견해는 이와 같이 다른 것 같다. 서양에서는 바다를 왜 여성으로 표현할까 생각해본다. 많은 서양 사람들은 애드가 알렌 포의 시 '아나벨 리'에서와 같이 바다를 여성적인 사랑과 낭만의 장소로 표현하는데 우리의 경우는 바다보다는 차라리 강을 더 여성적으로 표현해 온 듯하다. 바다를 여성으로 표현하는 서양은 아마도 바다가 지구상의 모든 것을 다 수용하여 새로운 생명창조의 요람지로 작용하기 때문이 아닐까 생각된다.

실제로 해양학자들의 연구에 따르면 지구상의 최초의 생물은 약 30억 년 전 바다에서부터 출현하였다고 한다. 또 사람의 체액도 바닷물의 조성과 비슷한 점이 있고 먹는 음식에도 적당한 짠맛이 있어야 맛있게 느끼는 점 등을 보더라도 최초의 생명은 바다에서부터 기원하였다는 학설에 수긍이 간다. 바다는 육지를 넓게 둘러싸고 육지로부터의 모든 것을 말없이 수용하여 끊임없이 우리를 보호하고 삶의 수단을 제공하고 있다. 마치 바다는 새 생명을 잉태하고 고통을 통하여 출생시킨 후 헌신적 모성애로 아기를 키우는 어머니의 모습과도 같다. 이런 이유로 서양에서는 바다를 여성으로 표현하는가 보다.

바다라는 단어의 성이 보여주듯 바다를 소재로 한 직업에는 여성이 남성보다 더 잘할 수 있는 분야가 매우 많다. 최근 우리나라에는 훌륭한 여성인력이 매우 많으나 이를 사회적으로 수용하지 못하는 큰 아쉬움이 있다. 훌륭한 여성인력을 배출하고도 구태의연한 전통적 편견으로 활용하지 못하는 우리의 사회구조는 21세기를 주도할 세계 속의 한국을 외쳐대는 것과는 너무나 큰 거리감이 있다. 머지않아 북경에서는 제4차 세계여성대회가 개최되어 각 사회분야에 여성참여의 중요성이 논의 될 예정이라 한다. 우리도 이제는 전문여성인력을 생산적으로 활용할 수 있도록 사회적 인식을 새롭게 하고 그 분위기를 북돋아야 할 때이다. 그 대표적인 예가 바로 수산 해양 분야의 젊은 여성인력이 아닐까 생각된다.

(1995)

가을 바다

　지난 여름 전국적으로 요란했던 해양오염사건으로 우리연안의 바다는 심각한 위기를 맞은 바 있다. 그 때의 상황으로는 우리의 바다가 이제는 영영 죽은 바다로 전락한 듯한 암담한 기분이었다. 그런데 가을의 찬바람이 불면서 위력을 떨치던 붉은 적조도 사라지고 검은 기름으로 뒤덮였던 칠흑의 바다도 차츰 푸름을 되찾고 있다. 부산 근교의 대변에서는 싱싱한 가을 멸치잡이가 한참이고 폐허가 되다시피 한 남해안의 양식장에서는 김장철을 맞아 굴 따기에 손길이 바쁘다하니 바다는 진정 위대한 생명력을 갖고 있다.

　여름 내내 피서인파와 기름과 맹독성 적조로 깊은 시름을 앓아오던 바다가 이제는 병색을 완전히 떨치고 건강한 제 모습을 되찾은 듯 쌀쌀한 가을바람과 함께 푸른 물결을 치고 있다. 가을바다! 나는 어느 계절의 바다보다도 가을 바다를 제일 좋아한다. 해변이 텅 빈 가을 바다를 보면 이제야 비로소 모든 사람이 삶의 제자리로 돌아간 듯 하고 바다 스스로도 역시 주인의 제자리를 되찾은 듯하다. 또 가을 햇살에 홀로 아름답게 반짝이는 금빛 모래알을 보노라면, 보이면서도 보지 못했던 내 마음이 진귀한 보석을 재발견한 듯 잔잔한 기쁨이 일기도 한다.

가을이 되면 텅 빈 해변과는 대조적으로 바다 속의 미물微物들은 새로운 생명을 잉태하기 위하여 말없이 분주하다. 물고기, 새우, 조개 등 대부분의 바다동물들은 따뜻한 봄철에 새끼를 낳기 위하여 섭취한 에너지를 함부로 낭비하지 않고 생식소에 저장하며 스스로 숙성해 나간다. 또 김, 미역, 다시마 등 많은 바다 식물들은 가을에 포자를 방출하고 갸냘픈 엽체를 착실히 키워나간다. 봄이 되면 태어날 수많은 동물들의 먹이를 위하여 바다 식물은 이미 스스로 가을에 번식하고 겨울이면 무성한 잎으로 성장하니 이 얼마나 신비롭고 지혜로운 자연의 조화인가!

가을이 되면 바다 속의 모습은 마치 육지의 봄과 같이 여린 새싹의 빛깔로 물 밑은 해맑은 장관을 이룬다. 또 겨울이 지나 봄이 되면 노쇠한 바다 식물들은 낙엽을 기다리는 고목과도 같이 새로 태어날 동물들의 먹이와 은신처를 위하여 그 역할을 다한다. 그리고 동물이 왕성히 성장하는 여름이 되면 아무것 하나 남기지 않고 말없이 스러진다. 이와 같이 가을바다는 우리의 삶에 대하여 말없이 많은 의미를 전해주는 듯하다.

수많은 서로 다른 생물이 함께 모여 살면서도 서로가 방해받지 않는 자유와 질서가 있고 그러면서도 결국은 다른 개체를 위하여 자신의 모든 것을 소모하는 가을 바다 속 미물들의 진실 된 모습을 생각해 본다. 항상 거짓과 불신으로 가득 찬 어수선한 우리 사회는 언제쯤이나 가을바다와 같이 고요하고 성숙한 모습을 보일지, 말할 수 없는 부끄러움에 그저 고개를 숙일 뿐이다.

(1995)

겨울 해녀

　차가운 삭풍이 불면서 해녀들의 자맥질이 더욱 바빠지고 있다. 세계적으로 우리나라 연안에만 존재하는 해녀의 모습은 외국인이나 내륙의 도시인에게는 마치 인간 문화재의 연기를 보는 듯한 신선한 구경꺼리기도 하다. 살을 베는 듯한 찬 겨울 바다 속이 삶의 터전인 그들은 오늘도 '휘~ 휘~' 숨을 몰아쉬며 물 밑을 샅샅이 헤집고 있다. 안일하게 살아가는 보통사람의 눈에는 매우 안쓰러운 모습이 아닐 수 없다. 연약한 여인의 몸매로 검푸른 겨울 파도와 맞서 삶을 이어가고 있으니 도시의 한량들이 어찌 그 인고의 삶을 헤아릴 수 있겠는가!

　해녀들은 특별히 태풍이 치거나 물 밑이 보이지 않을 때를 제외하곤 항상 바다에 몸을 던진다. 해녀들의 일상은 빈틈이 없이 바쁘다. 아침에 가족들을 학교나 직장으로 출근시키고 나면 양동이를 머리에 이고 삼삼오오 짝을 지어 바닷가로 모인다. 한 번 물속에 들어가면 점심도 거른 채 3~4시간을 차갑고 어두운 물 밑의 구석구석을 살피며 진귀한 해물을 잡아 올린다. 노련한 해녀는 깊은 곳에서 값

비싼 전복, 소라 등을 캐지만 원로한 해녀나 경험이 부족한 신참들
은 얕은 물가에서 성게나 해삼 등을 주로 잡아 올린다. 자맥질을 마
친 해녀들은 살아 꿈틀대는 싱싱한 해물을 서둘러 상인에게 넘기
곤, 학교에서 돌아오는 자녀들을 맞으러 총총 걸음으로 집을 향한
다. 그리고 주부로서의 끊임없는 일들을 또 다시 맞이한다.

우리가 즐겨 먹는 이러한 물 밑의 해물들은 아직 육상에서 대량
배양이 불가능한 것이 많다. 따라서 긴 숨을 몰아쉬며 온 몸을 움직
여 한 마리 한 마리씩 잡아 올리는 해녀의 손길이 없다면 독특한 별
미는 더 이상 맛 볼 수 없다. 대부분의 도시인은 그저 돈 주고 별미
를 즐기는데 만 관심이 앞설 뿐 이와 같은 해녀의 노고에 대해서는
잘 모르고 있다.

오늘도 얼어붙는 듯한 몇 길 물 속으로 거침없이 뛰어드는 해녀의
모습은 편안함에 지친 나의 얼굴에 찬 물을 끼얹는 듯 신선한 충격
을 주고 있다. 해녀는 우리 사회에서 절실히 요구되는 참다운 '프로
근성'을 보여주고 있어 많은 것을 생각하게 한다. 세계의 마라톤을
제패하여 온 국민의 가슴 가슴에 보랏빛 날개를 달아준 황영조 선
수! 그 역시 해녀인 어머니로부터 참다운 삶의 프로정신을 배웠기
에 국민적 영웅이 된 것 같다. 해녀의 삶! 정말 한 점 거짓이 없이
자연과 더불어 최선을 다하는 아름다운 삶의 모습이다. 최근 우리
모두를 우울하게 하는 두 전직 대통령과 겨울 바다 속 해녀의 모습
을 비교해보면 진실 된 삶과 위선의 삶이 서로 어떤 모습의 차이인
지를 잘 조명하고 있다.

(1995)

길 눈

　많은 생물의 행동에는 방향감각이 있다. 예를 들어 해바라기는 태양을 따라 돌고 나무의 잎과 가지는 남쪽을 향해 뻗어가고 있다. 나방이가 불을 보면 모이는 현상이라거나 개미나 꿀벌이 부지런히 제 집을 들락날락하는 모습을 보면 하찮은 하등생물일지라도 나름대로의 방향감각이 있음을 알 수 있다. 사람의 경우도 이러한 방향감각이 있는데 방향감각이 특별히 발달한 사람을 가리켜 흔히 '길 눈이 밝다' 라고 한다. 길눈은 연령, 교육수준, 지능에 따라 다소 차이가 있기는 하나 선천적으로 길눈이 밝은 사람이 있음이 사실이다. 같은 길을 다녀도 어떤 사람은 한번 다녀오면 쉽게 찾아가는데 어떤 사람은 몇 번을 다녀와도 길눈이 어두워 헤매고 다니는 사람이 있다.

　아마도 지구상의 모든 생물 가운데 길눈이 가장 밝은 생물은 연어가 아닐까 생각된다. 연어는 고급스러워 보이는 핑크빛의 살과 향기로운 맛으로 많은 미식가들의 사랑을 받고 있다. 우리나라의 연어는 10~11월이면 동해안의 하천으로 올라와 알을 낳고 생을 마감

한다. 하천의 자갈밭에 산란된 알은 스스로 부화하여 이듬해 2~3
월까지 하천에서 서식한 후 3~4cm의 크기가 되면 바다로 향한다.
동해 바다로 내려간 연어는 캄차카, 알래스카 등 북태평양을 마음
껏 노닐며 성장한 후 3~4년이 지나면 약 70cm정도의 어미로 되어
다시 하천으로 올라와 산란하게 된다.

이때 연어는 한 치의 어긋남이 없이 수천 km가 떨어진 먼 바다에
서 오래 전 자신이 태어난 요람지로 다시 올라오는 신비로운 길눈
을 갖고 있다. 하등한 물고기가 넓은 대양에서부터 대장정의 여행
을 하며 어떻게 자신의 요람지로 정확하게 찾아올 수 있는지? 또 왜
그렇게 해야만 하는지? 생각해 볼수록 감탄하지 않을 수 없는 불가
사의한 일이다. 아마 길눈의 능력만으로 이야기한다면 사람은 연어
에 비하여 매우 하등한 수준임에 틀림없다.

수많은 첨단과학의 지식에도 불구하고 이와 같은 연어의 모천회
귀母川回歸의 기작은 아직도 밝혀져 있지 않다. 어떤 학자는 새끼
연어가 하천에서 서식할 때 그 하천의 특수한 냄새를 기억했다가
어미가 된 후 다시 그곳으로 찾아온다는 학설을 제시하지만 쉽게
수긍하기가 어렵다. 또 어떤 학자는 태양의 위치, 자기磁氣, 해류,
지구의 자전 등이 연어의 모천회귀를 가능하게 할 수 있을 것이라
고 하지만 이 역시 막연하고 확실한 설득력이 없다. 이와 같은 학자
들의 빈궁한 학설은 오직 신비로운 생명현상에 대한 막연한 가설일
뿐 아직도 연어의 길눈은 미스터리로 남아 있다.

연어는 어류 중에서도 비교적 하등한 그룹에 속하는데, 이러한 하
등한 물고기에서도 밝히지 못한 신비로움을 보면 아직은 자연의 현
상에 대하여 사람이 알고 있는 것보다는 모르는 것이 더 많은 것 같
고, 생명창조의 오묘함과 신성함에 새삼 숙연해질 뿐이다.

(1995)

어도 魚道

　'길'이란 단어에는 많은 의미가 있다. 다른 곳으로 다닐 수 있게 나 있는 공간이란 단순한 지리적 개념 이외에도 방향이나 지침 그리고 도리나 임무 등 여러 면에서 깊은 뜻이 있다. 또 우리의 인생 자체도 어떤 '길'을 끊임없이 걸어가는 삶의 과정에 비유하기도 한다. 이러한 '길'은 사람에게 뿐만 아니라 자연의 하등생물에게도 매우 중요하다. 물고기의 경우 먹이를 찾아 나서거나 산란을 하기 위하여 또는 적당한 수온의 서식처를 찾아 이동할 때 나름대로 다니는 정해진 길이 있다. 길을 따라 생존한다는 점에서 볼 때 모든 생물의 삶의 형태는 나름대로 비슷한 점이 많다.

　그런데 최근 우리는 물고기의 길을 아무런 죄책감 없이 파괴하는 경우가 많아 안타깝다. 그 대표적인 예가 낙동강 하구 둑이 아닐까 생각된다. 하구 둑이 없었을 때는 자유롭게 왕래하던 길이 이제는 넘을 수 없는 엄청난 분단의 벽으로 막혀 있으니 물고기로서는 이산가족의 정도가 아닌 종족유지의 번식에 까지 큰 위협을 받고 있는 셈이다. 특히 바다에서 서식하다 산란을 위해 강으로 올라오는 연어, 은어 등의 소하성溯河性 어류와 강에서 서식하다 산란을 위해 바다로 내려가는 뱀장어와 같은 강하성降河性 어류에게 하구 둑은 심각한 장애물이 아닐 수 없다. 하구 둑에 막혀 번식도 못하고 슬픈 생을 마감하는 물고기를 생각하면 문명의 발달을 추구하는 인간의 처사는 너무도 비정한 듯하다.

따라서 생태학자들은 하천에 둑을 시설할 경우 물고기가 왕래할 수 있는 길을 의무적으로 만들도록 주장하는데 이러한 시설을 어도라 한다. 그러나 어도를 설치하려면 공사자체가 까다로워지고 비용도 높아지기 마련이다. 생태학자들은 가능하면 큰 규모의 어도를 요구하나 둑 공사를 하는 시공자는 되도록이면 작게 시설하고자 한다. 그래서 항상 의견이 대립되곤 한다. 낙동강의 경우를 보면 하구 둑 좌우에 약 2m 크기의 어도를 설치하였으나 그 넓은 하구의 폭에 비하면 인색하기 짝이 없는 협소한 길이 아닐 수 없다. 과연 하등한 물고기들이 이 작은 길을 찾아 잘 통행할 지 의심스럽다. 또 어도를 설치하긴 했으나 그 곳으로 어떠한 물고기가 얼마나 왕래하는지를 파악하기 위한 간단한 비디오 장치하나 없이 그저 막연하게 할 일을 다 했고 낙동강의 자연보호에 문제가 없다고 믿고 있다.

최근 우리나라는 여러 분야에서 의식과 기술이 선진화되고 있지만 유독 자연보호에 대한 의식은 여전히 원시적임을 보여주는 대표적인 예인 듯하다. 앞으로의 삶의 질은 단순한 물질의 소유가 아닌 쾌적한 환경에 좌우 된다는 점에서 볼 때, 이제부터는 원초적인 자연의 미물들과도 함께 더불어 공존할 수 있는 환경을 추구하여야 할 것이다.

(1995)

물과 같은 마음

心如水(물과 같은 마음)! 내가 즐겨 생각하는 말 중의 하나이다. 우리가 발붙여 사는 이 지구의 70%이상이 물이고 또 우리 몸도 70%이상이 물로 구성되어 있다. 물이 있어 식물을 경작할 수 있고 또 물이 있어 세상의 더러운 모든 것을 씻어낼 수 있으니 물은 우리의 육체적 삶을 좌우하는 주인인 것이다. 그런데 조용한 마음으로 흐르는 맑은 물의 모습을 보노라면 물은 우리에게 수많은 교훈과 풍요로운 정신적 삶을 위한 귀한 에너지를 말없이 건네주고 있다. 일찍이 우리말을 가장 아름답게 표현했다는 단가短歌의 대가 고산 孤山 윤선도 역시 "맑고도 그칠 뉘 없기는 물 뿐인가 하노라"하며 물을 다섯 친구 중 첫째로 예찬하지 않았던가! 흐르는 맑은 물을 바라보면서 내 마음도 저 물과 같은 모습이었으면 하고 염원해본다.

말없이 자기의 갈 길을 평화롭게 흘러가는 물! 그 앞에 어느 힘센 바위가 길을 막으면 고요히 다가갔다가는 말없이 옆으로 돌아 홀로 흘러간다. 그 어떤 누가 갈 길을 방해해도 한 번도 남의 탓을 불평하며 성내는 모습이 없다. 그저 '내 탓이오' 하는 모습으로 스스로 조금 양보한 후 또 제 길을 따라 말없이 흐른다. 흐르는 물은 한 번도 쉬지 않는다. 끊임없이 자리를 바꾸어 가며 마지막인 바다에 까지 도달하지만 그 넓은 바다에서도 끊임없이 제 길을 따라 흐른다. 쉬지 않고 흐르는 물! 편안한 쉼을 위해 잠시라도 고이면 스스로 썩고 오염된다는 사실을 주의 깊게 경계하듯 물은 말없이 흐르고 또 흐른다.

계속적인 흐름이 있기에 물 속의 생물은 행복하게 생존할 수 있다. 물의 흐름으로 산소와 영양염과 먹이가 그늘진 모든 곳에까지 고르게 공급되고 또 물의 흐름이 있기에 특별히 추운 곳 더운 곳 없이 모두에게 평등한 삶의 온도를 유지해준다. 하등한 생물은 물의 흐름을 타고 먼 곳으로 까지 나들이가 가능하고 또 물고기들은 부력이 생겨 유영하기에 수월하다. 이와 같이 흐르는 물은 스스로 변함이 없건만 그 속에서 살아가는 모든 생물을 끊임없이 돌보며 진화시키고 있다.

최근 우리사회는 전직 대통령의 엄청난 비리가 속속 밝혀지면서 정치계 지도자들의 집단적 부패와 부도덕성을 적나라하게 보고 있다. 아직도 사안을 헤아리지 못하는 그들의 집단적 변명을 듣노라면 마치 무대 위에서 날뛰는 어설픈 광대들의 거짓 쇼를 보는듯하다. 흐르는 물과 같아야 할 우리 사회가 소수 기득권층의 권력과 부를 위해 스스로 고여 있으니 그 속에서 살아가야만 하는 우리 모두가 병들어 가고 있을 뿐이다.

이 사회의 권력과 부는 자격이 갖추어진 합당한 사람에게 잠시 맡겨질 뿐 계속 흐르는 물과 같아야 한다. 심여수心如水! 우리 사회의 진정한 개혁은 바로 이러한 마음의 변화가 아닐까 생각해본다.

(1995)

플랑크톤과 디자이너

　해양생물은 크게 세 그룹으로 나눌 수 있다. 파도나 조류에 따라 흘러 다니는 부유생물과 자기 스스로의 힘으로 이동하는 유영생물 그리고 바다 밑바닥에서 기어 다니는 저서생물로 구분된다. 부유생물은 물결치는 대로 떠돌아다닌다 해서 방랑자라는 희랍어의 어원인 '플랑크톤' 이라 부르기도 한다.

　플랑크톤은 식물과 동물로 나누어지는데 식물플랑크톤은 1차 생산자로서 해양생태계의 먹이사슬 중 가장 큰 기초부분을 형성하고 있다. 식물플랑크톤은 동물플랑크톤의 먹이가 되고 또 작은 물고기들은 동물플랑크톤을 잡아먹고 성장하여 인간이 이용하는 어업자원이 된다. 이와 같이 식물플랑크톤은 해양의 생물생산력을 좌우하는 주인 역할을 하고 있어 그 종류와 양에 있어서도 매우 다양하고 광대하다. 따라서 해양 생태계를 이해하려는 학자들에게 식물플랑크톤은 끝없는 관심의 대상이 되고 있다.

　그런데 이 미세한 식물플랑크톤을 현미경으로 관찰할 때마다 이것만큼은 아직도 세상에 밝혀지지 않은 듯한 신비하고 진지한 흥미를 불러일으키곤 한다. 육안으로는 보이지도 않는 미세한 단세포 식물이지만 이 티끌보다도 작은 것들이 어떻게 이렇게 아름답고 정교한 모습을 갖출 수 있는지 감탄하지 않을 수 없다.

특히 수십만종이 넘는 많은 종류들이 나름대로의 독특한 모습으로 말없이 서로가 서로를 구분하며 뚜렷한 정체성을 간직하고 있으니 우리가 알고 있는 자연은 아직도 영원한 신비로움에 싸여 있기만 하다. 특히 요즘은 고배율의 전자 현미경이 개발되면서 이들의 미세 구조까지 관찰할 수 있어 그 경이로움의 세계는 더욱 실감이 난다.

마이크로 단위의 미세한 것들이 움직이는 섬세한 모습과 맑고 순수한 원시 그대로의 색상은 우리 삶의 주변에서는 찾아 볼 수 없는 모습들이다. 따라서 육안으로는 보이지 않는 이 아름다운 작은 세계를 볼 때마다 혼자 보고 잊어버리기에는 너무나 아쉬운 자연의 미려함을 느끼곤 한다.

아름답고 새로운 모습을 창작하는 디자이너들은 추상이니 반추상이니 하며 끊임없는 상상의 모습을 그리고 도안해 보지만, 많은 경우 새로움이 아닌 계속되는 반복 또는 모방으로 진부함을 느낄 때도 많다. 이러한 면에서 바다 속 원시의 플랑크톤은 고민하는 디자이너들에게 많은 숨은 아이디어를 제공할 수 있을 것만 같다.

(1996)

차세대 해양과학교육

최근 우리사회에서는 차세대라는 용어가 많이 등장하고 있다. 미래의 주인 역할을 하기 위해서는 미리 준비하는 자세가 필요하고 이런 면에서 차세대란 용어는 매우 현실감이 있다. 지구의 70%가 해양이라는 점과 우리나라의 삼면이 바다란 점에서 미래의 해양을 개발할 차세대의 해양과학교육은 오늘의 시점에서 한번쯤 신중히 생각할 필요가 있다.

우리나라는 전통적으로 바다에서의 직업을 속되게 표현해왔다. 그 결과 많은 유능한 젊은이들이 이 무궁무진한 곳에 대한 매력을 느끼지 못했고 바다로의 진출은 항상 외면 당해왔다.

우리나라에서의 해양개발은 30여 년 전부터 꾸준히 진행되어왔고 최근 10여년은 국가경제 성장과 더불어 괄목할만한 발전을 거듭하고 있다. 그 예로 남극 북극 진출, 각 대학의 해양학 관련학 증설, 정부출연 연구소의 신장 등이 이를 증명하고 있다. 또 최근에는 정부를 비롯한 많은 사람들이 환태평양을 중심으로 한 국가 장기발전 계획을 거론하는 점에서도 해양을 향한 전략적 관심은 과거와는 크게 다름을 느낄 수 있다.

그러나 이와 같은 해양개발에 관한 무르익은 분위기에도 불구하고 무엇인가 불안정하고 빠진 듯한 느낌이 드는 것이 있는데 나는 이것이 바로 차세대를 위한 해양과학교육의 청사진이 제시되지 않기 때문으로 생각한다. 해양개발에 관련된 모임에 참석해 보면 이런저런 많은 계획이 논의되고 있기는 하나 그 실상을 보면 매우 근시안적이고 단편적이며 즉흥적인 듯하다. 해양의 개발은 결코 단시간 안에 이루어질 수 없는데 현재의 해양개발정책은 마치 모든 해양개발이 현재의 기성세대에 의해서 이루어 질 수 있는 듯한 느낌을 주기 때문이다.

지금 우리가 할 수 있고 또 해야 하는 일은, 현재 자라고 있는 우리의 어린이들이 해양에 대한 무한한 신비를 느끼고 이에 친근감을 느낄 수 있도록 하는 일이다. 이러한 분위기 속에서 성장한 유능한 젊은이가 바다를 소재로 한 학문과 산업분야에 종사하게 되며 그들이 우리나라의 해양을 개발할 수 있을 것이다.

이와 같은 면에서 보면 현재의 거창한 해양개발계획도 중요하지만 우리의 어린이들이 휴식 가운데 바다를 이해하고 벗 삼을 수 있도록 각 도시마다 충분한 해양수족관을 건립할 필요가 있다. 또 초중등학교에서의 해양 및 수산에 대한 충분한 기초 실험실습을 실시하여야 한다. 앞으로의 국가 발전은 바다를 통하여 이루어질 수 있으므로 차세대 해양과학교육은 국가적 차원에서 장기적인 안목과 구체적인 계획하에 이루어져야 할 것이다.

(1995)

바다에게도 휴식을

이젠 장마도 끝나고 본격적인 피서 철이 시작되었다. 여름철의 피서는 역시 망망대해를 보며 시원한 바닷물에 몸을 담그는 것 이상이 없는 듯하다. 도시 속에 아름다운 해변을 갖고 있는 우리 부산은 여름철만 되면 전국에서 찾아드는 손님들을 맞이하기에 항상 분주하다. 때로는 지나친 복잡함에 짜증이 날 때도 있지만 내가 사는 도시로 전국의 인파가 이렇게 모여드니 마치 잔칫집 같이 즐겁고 보람된 기분이기도 하다.

한 학기 동안을 좁은 교실에서 잘 참아오던 개구쟁이 어린이들이 원색의 물놀이 기구를 몸에 끼고 해변에서 뛰어노는 모습을 보면 나 자신이 물놀이를 하듯 즐겁고 보기에 좋다. 또 젊은 직장인들이 오랜만에 도시를 탈출하여 구리 빛 얼굴로 해변을 활보하는 모습을 보면 해변에서의 휴가는 단순한 피서가 아닌 도시 속에서 잃었던 현대인의 자유를 다시 보는 듯 한 기분이다. 일찍이 보오들레르는 「인간과 바다」란 시詩에서 "자유로운 사람이여 그대는 항상 바다를 사랑하리라"라고 노래하였듯이 바다는 우리에게 자유를 선사하는 신비한 매력을 갖고 있다.

그러나 나는 요즘 물밀듯이 밀려오는 전국의 피서인파와 차량행렬을 보면 여름바다의 낭만을 느끼기도 전에 자꾸만 무거운 걱정이 앞선다. 많은 사람들은 항상 맑고 푸른 바다가 우리를 끊임없이 맞이할 것으로 생각하지만 실제의 바다는 그렇지 않을 수도 있기 때문이다. 바다는 스스로의 자정능력으로 원래의 푸름을 유지하려는 항상성恒常性이 있다. 그러나 지나친 인위적 오염이 가해질 경우 항상성은 파괴되어 돌이킬 수 없는 '죽은 바다'로 전락하고 말기 때문이다. 이러한 예는 이미 우리 주변에서 발생하고 있음이 사실이다.

요즘 우리의 바다는 몸살을 앓고 있다. 때도 시도 없이 육지의 모든 쓰레기는 바다에 버려지고 있다. 유류오염, 도시하수, 간척, 매립, 연안공단폐수, 연안 양식장. 해변의 피서인파 등등 우리는 여러 형태로 바다의 항상성을 위협하고 있다. 바다는 무한히 넓은듯하지만 인간생활과 직결된 바다는 전체 바다의 10% 정도에 불과한 연안뿐이다. 대부분의 어업생산과 휴양도 모두 연안에서 이루어지고 있다. 몸살을 앓고 있는 우리의 바다가 회복을 못한 채 더 이상 생명이 존재할 수 없는 황폐한 바다로 전락된다면 우리의 삶의 질이 얼마나 저하될 것인지는 너무도 자명한 일이다. 도시생활에 지친 우리가 바닷가에서 휴식을 취하며 에너지를 재충전하듯, 이러한 바다의 진정한 휴식은 '이용만 하는 바다'가 아니라 '정성껏 가꾸는 바다'로 우리 모두의 인식이 전환될 때 비로소 가능할 것이다.

(1995)

바다를 살리려면

　최근 남해안과 동해안에서 발생한 해양 환경오염의 문제가 연일 전국에 생생히 중계되고 있다. 이렇게 온 나라가 떠들썩하게 발생했던 악성 해양오염은 일찍이 없었던 것 같다. 시커먼 기름으로 뒤덮인 바다와 붉은 핏빛으로 변한 적조의 바다를 보면서, 또 그곳에서 평화롭게 살던 우리 모두의 동심의 고향이었던 돌고래와 물고기들이 처참히 떼죽음을 당한 모습을 보면서 그저 할 말을 잃은 채 암담할 뿐이다.

　이러한 사건에 대한 연유는 무엇이며 그 책임은 과연 누구에게 있는 것인지 생각해 보지 않을 수 없다. 이렇게까지 황폐화된 바다를 볼 때, 이제는 단순한 우려의 정도를 넘어 분노를 금치 못하며 이 환경에서 살아가야 하는 우리 모두이기에 일종의 위기감을 느끼고 있음이 사실이다. 특히 이러한 심각한 피해가 우리나라 해양 수산의 요람지인 부산 연안을 중심으로 발생했다는 점에서 부산 시민의 당혹감은 타 도시와는 사뭇 다른 분위기이다.

　어릴 때 할머니, 할아버지 무릎위에서부터 자랑스럽게 들어오던

‘삼천리금수강산’을 이제는 송두리째 잃어버린 것 같다. 또 우리의 뒤를 이어 이 땅에서 더욱 굳건히 뿌리를 내려야 하는 어린이들을 볼 때마다 위기감은 더욱 증폭되고 있음이 솔직한 심정이다. 더욱이 우리를 실망케 하는 일은 국정을 책임진 높은 지도자들이 이러한 위기의 바다에 대하여 명쾌한 원인 분석과 확실한 해결책은 제시하지 못하고, 막연히 ‘인재人災니 천재天災니’ 하며 화려한 말을 위한 논쟁만을 일삼는 것 같아 더욱 안타까울 뿐이다.

사실 우리나라의 대형 해양오염 사건은 이미 예견되었던 일이고 이번의 사태는 단지 올 것이 비로소 오고 있음을 보여준 한 예에 불과하다. 지난 30여 년간 ‘잘 살아보세’라는 경제 정책의 그늘 아래서 환경에 대한 인식은 너무나 무모했었다. 또 ‘무無에서 유有를’이란 획일적인 군인 정신 하에서 다양한 사안에 대한 합리적인 소수 의견이 간과되어 왔음이 사실이다.

이와 같은 누적된 총체적 사회문제는 최근의 지나친 소비문화와 더불어 오늘의 바다를 황폐화 시킨 원인이라 할 수 있다. 또 이에 대한 책임은 바로 우리 스스로의 탓임을 통회하여야 할 것이다. 전문가의 연구 결과에 따르면 바다 오염의 근본적 원인은 80% 이상이 도시하수 때문이며, 도시하수의 오염 부하는 각 가정에서 먹고 남아 버리는 음식의 낭비가 주범이라 한다. 밥그릇에 밥풀 하나를 남겨도 복이 달아난다고 꾸지람을 들으며 자란 우리가 이제는 1년에 4조원 이상의 엄청난 음식을 쓰레기로 버리고 있다. 그리고 아름다운 바다를 죽음의 바다로 만들고 있다. 후손 대대로 물려줄 맑고 푸른 바다를 위해서는 국가적 차원에서의 하수 처리시설과 종합적인 해양 환경 보호정책도 시급히 개발되어야 한다. 그러나 이보다 더욱 중요한 실체는 바로 우리 모든 가정에서 바다를 살리려는 지혜롭고 절제된 삶의 자세일 것이다.

(1995)

살아 있는 갯벌

　부산 연안에서는 볼 수 없는 모습이지만 서해안 쪽으로 가면 광활한 갯벌을 볼 수 있다. 특히 인천 앞 바다는 조석의 차이가 9m나 될 정도로 높아 간조가 되면 마치 바다 위의 지평선을 보는 듯한 광활한 갯벌이 장관을 이룬다.

　해변의 맑은 햇살에 반사되어 비치는 부드러운 갯벌은 마치 비옥한 대지의 흙과 같이 아늑하고 풍요롭다. 밀물이 시작되면 갯벌은 한 길 물밑을 헤아릴 수 없는 출렁이는 바다로 어느새 모습을 바꾼다. 그리고 또 다시 썰물이 시작되면 바다는 '모세의 기적'을 재현하는 듯 물길을 따라 숨겨진 수많은 길을 내보이며 또 다시 광활한 대지를 이루곤 한다. 조석의 힘으로 이와 같이 거대한 일이 하루도 빠짐없이 수 십 만년을 계속해 오고 있으니 자연의 능력은 참으로 위대하다.

　서해바다는 비록 동해나 남해와 같이 푸르지도 않고 깊지도 않지만 인력으로는 이룰 수 없는 이와 같은 거대한 힘을 갖고 있다. 따라서 서해바다에는 조석의 차이를 이용한 조력발전소의 건설이 신중히 검토되고 있기도 하다. 이러한 점에서 보면 황토빛 서해바다야말로 끝없이 에너지를 창출하는 생산의 바다인 것이다.

바닷물이 쓸고 지나간 갯벌은 언뜻 보기에는 아무 쓸모없는 버려진 땅으로 보이기도 한다. 그러나 한 번 더 세심히 살펴보면 이곳이야말로 살아 숨 쉬는 갯벌임을 알 수 있다. 바닷물 속에 있던 수많은 작은 유기물 입자들은 밑으로 떨어져 자연히 갯벌 속에 묻히게 된다.

그런데 갯벌 속에는 햇빛이 없어도 또는 산소가 없어도 서식할 수 있는 유익한 광합성 또는 화학합성 박테리아가 살고 있다. 이들은 갯벌 속에 묻혀버린 이용되지 않는 작은 유기물 입자들을 섭취하여 재순환 시키는 중요한 역할을 하고 있다. 따라서 갯벌에는 갯지렁이, 조개, 낙지, 게 등 비록 크기는 작지만 무수히 많은 무척추동물들이 다양한 형태로 서식하고 있다. 또 광활한 갯벌은 육지로부터 내려오는 오염물질을 정화시켜 깨끗한 바닷물이 되게 하는 큰 역할을 하기도 한다.

이곳 갯가에서 사는 사람들은 어려서부터 갯벌위에서 조개를 캐고 때로는 나무썰매를 타며 온 몸에 뻘을 묻히고 뛰놀며 성장한다. 따라서 갯벌이야 말로 그들에게는 대지와도 같이 넓고 아늑한 삶의 터전이요 고향인 것이다.

그러나 최근 이와 같이 아름답고 풍요로운 살아있는 갯벌이 '국토의 확장' 이란 미명하에 무분별 파괴되고 있어 매우 안타깝다. 조상 대대로 갯벌에 삶의 뿌리를 두고 살아온 순진한 어민들이 졸지에 삶의 터전을 잃고 방황하는 모습은 우리 모두를 슬프게 하고 있다. 유행처럼 번지는 서해안의 매립, 간척사업은 우리 모두가 신중히 숙고하여야 할 일이다.

(1996)

기르는 예술

맛과 독

　먹으면 매우 위험한 독毒이 때로는 아주 시원한 맛으로 느껴져 미식가들이 즐겨 찾는 예가 있다. 그 대표적인 경우가 복국이 아닌가 생각된다. 부산은 해변도시라 그런지 타 도시에 비하여 유난히 복국 집이 많다. 동래나 해운대온천에서 시원하게 목욕한 후 펄펄 끓는 복국을 땀을 흘리며 먹으면서 연속 "아 시원하다!"하며 별미를 즐기는 부산 시민이 나를 포함하여 많은 것 같다.

　5, 6월이면 산란하기 위하여 강으로 올라오는 복어는 그 모양이 복스럽고, 게걸스럽게 먹어대는 귀여운 돼지의 모습과 비슷하여 한자로는 하돈河豚(강의 돼지)이라고 표현한다. 놀라게 하거나 잡아 올리면 발랑 뒤집혀 하얀 배를 터질듯 한 풍선처럼 부풀리고 죽은 척하는 재주를 보이기도 한다. 또 복어는 예리한 이빨을 갖고 공격성이 강해 양식장에서 기르다보면 서로 물고 물어 죽이는 공식현상이 심하다. 따라서 어느 정도 성장하면 서로 싸우지 못하게 이빨을 펜치로 잘라버리는 애처로운 기술(?)을 발휘해야만 한다.

　그러나 이러한 복어가 보기와는 달리 매우 흥미 있는 생태특성을 갖고 있어 많은 학자들의 관심을 끌고 있다. 복어에는 '테트로도톡신tetrodotoxin'이라는 독이 있는데 이 독을 사람이 과다하게 섭취할 경우 호흡장애를 일으켜 죽게 된다. 그러나 소량을 섭취하면 신경안정의 효과가 있어 약으로 활용되기도 한다. 이런 이유로 복어요리사가 되려면 특별한 면허증을 소지하여야 한다.

미식가들이 즐겨 찾는 복어의 독특한 맛은 바로 이 테트로도톡신의 맛이라 할 수 있다. 따라서 강한 맹독의 복어일수록 그 맛이 훌륭하고 가격 역시 비싸다. 그런데 바다에서 사는 그 많은 물고기 종류 중 왜 복어만이 이러한 독을 생성하는지에 대한 원인은 오늘날의 첨단 과학문명에도 불구하고 밝혀져 있지 않다. 자연 상태에서 어획한 복어는 독이 있는데 반대로 양식장에서 부화시켜 사육한 복어는 독이 없다. 따라서 복어 독의 형성은 자연 상태에서 먹이와 관련된 미생물의 영향이 아닌가하는 조심스러운 학설을 제시할 뿐이다.

자연산 복어자원은 계속 감소하여 맛보기가 어렵고, 양식복어는 독이 없어 제 맛을 내지 못하니 미식가들에게는 섭섭한 일이 아닐 수 없다. 따라서 어떻게 하면 양식복어가 대량으로 맹독을 생성할 수 있을까 하는 연구과제는 학문적으로는 물론 산업적으로도 대단한 흥미를 불러일으키고 있다. 최근 보고에 따르면 자연산 복어의 독이 있는 내장을 사료에 섞어 양식복어에 먹일 경우 양식복어라도 독이 형성된다고 한다. 그러나 근본적인 원인을 모르고 있으니 복쟁이의 신비로움은 아직도 여전하기만 하다.

(1995)

진주

아마도 이 세상에서 보석을 싫어하는 여성은 아무도 없을 것이다. 어린 소녀에서부터 할머니에 이르기까지 보석은 여성의 삶 속에서 항상 잔잔한 기쁨을 주는 귀중한 물건임이 확실하다. 특히 남성의 경우 사랑하는 여인을 위해서 정성껏 준비한 보석은 가장 돋보이는 선물 중의 하나이기도 하다. 이러한 보석 가운데 대표적인 것은 역시 진주가 아닐까 생각된다. 아름다운 여인이 진주를 걸치면 더욱 품위 있어 보이고 또 냉정해 보이는 여인도 진주와 함께 모습을 보이면 조금은 더 넉넉하고 다정해 보인다.

진주 자체가 발하는 신비하고 따뜻한 색광은 다이아몬드처럼 톡톡 튀지 않는 겸손의 멋이 있어 더욱 맑고 순수한 격조 높은 분위기를 자아낸다. 아마도 이러한 멋 때문에 진주는 동서고금을 통해 보석중의 보석으로 여겨져 왔던 것 같다.

그런데 이와 같은 귀한 보석이 알고 보면 모두가 다 인공적으로 생산되는 양식진주이다. 진주는 조개의 체내에서 만들어진 조개껍질이라 할 수 있다. 자연 상태에서 모래나 이물질이 조개의 체내에

들어갈 경우 이것이 핵이 되어 그 위에 계속 진주층이 덮여 천연진
주가 된다. 따라서 양식학자들은 이와 같은 조개의 생리를 이용하여
조개껍질을 가공하여 만든 약 3~4㎜의 둥근 핵을 조개의 몸 속에
인공적으로 삽입하여 단기간 내에 큰 양식진주를 생산하게 되었다.

　진주양식은 살아있는 조개를 이용하여 값비싼 보석을 생산하는
작업이고 보니 매우 정교한 기술을 요구한다. 또 부자지간에도 그
기술을 비밀로 한다고 할 만큼 베일에 싸인 기술도 많다. 하긴 아무
나 쉽게 진주를 생산할 수 있다면 그 때는 더 이상 보석이 될 수 없
을 것이다.

　'구슬이 서 말이라도 꿰어야 보배' 라는 옛말과 같이 바다 속 조개
가 만들어 낸 진주의 가공기술 역시 양식기술 못지않게 중요하다.
원래 진주양식은 20세기 초부터 일본을 중심으로 개발되어 왔다.
그러나 최근에는 일본 해역의 오염으로 물이 맑고 따뜻한 동남아시
아, 호주 그리고 태평양의 작은 섬나라들에까지 넓게 확대되고 있
다. 그러나 아직도 핵을 삽입하고 가공하는 비밀스러운 기술만큼은
거의가 다 일본 기술에 의해 이루어지고 있어 이들이 세계진주의
생산과 가격을 조절하는 예가 많다.

　최근 우리나라 남해안에서도 진주 양식을 하고 있는데 진주의 색
광이 일본 연안에서 양식한 것보다도 훨씬 더 아름답다고 한다. 우
리나라 국민의 정교한 손재주와 멋의 감각을 살린다면 진주 보석
산업이야말로 우리나라에서 크게 발전될 수 있는 새로운 분야일 것
이다.

(1996)

석화石花

　요즘 같이 추운 겨울이 되면 바다의 굴은 향기로운 깊은 맛을 갖는다. 굴은 다양한 미네랄과 담백한 맛 때문에 해물을 별로 즐기지 않는 서구인들도 '바다의 우유'라 부르며 즐겨 찾는다. 겨울바닷가의 돌이나 바위에 무리지어 붙어있는 굴의 모습을 보면 마치 돌 위에서 스스로 피어난 진주 빛 꽃무리와도 같이 아름답다. 그래서 우리는 자연산 굴을 '석화'라 예찬하며 모두가 그 맛을 즐기고 있다.

　겨울철이 되면 굴은 글리코겐을 다량으로 축적하는데 이는 인체에 흡수되어 곧 포도당이 되므로 우리 몸의 중요한 에너지 공급원이 된다. 따라서 굴은 환자나 노인 그리고 어린이와 임산부에게는 매우 이상적인 식품이다. 옛부터 한방에서도 굴을 불에 구워먹으면 안색이 아름다워지며 남자의 허로虛勞를 다스리고 정신을 안정시키는데 효능이 있다고 전해지고 있다. 또 굴 껍질은 순수한 자연 칼슘성분이므로 이를 곱게 분쇄하여 적당히 섭취하면 골다공증과 같은 노화를 예방할 수 있는 천연약품으로도 사용된다. 이와 같이 굴은 어느 것 하나 버릴 것이 없는 완전한 식품이다.

그런데 이처럼 훌륭한 식품을 여름에는 생굴로 맛보기 어려운 아쉬움이 있다. 서양에서도 'R' 자가 들어있지 않은 달, 즉 5~8월 사이에는 굴을 먹지 않는다. 그 이유는 늦은 봄부터 여름에 해당되는 이 계절에는 굴의 생식소가 발달하여 산란하게 되므로 맛있는 살이 차지 않을 뿐 아니라 또 잘못 먹으면 배탈이 날 수도 있기 때문이다. 따라서 과학자들은 생식소가 발달하지 않는 굴을 만들면 여름철에도 살이 가득 찬 맛있는 생굴을 즐길 수 있다는 생각에서 '불임 不姙 굴'을 만드는데 성공하였다.

굴의 수정난이 분열할 때 압력이나 저온으로 충격을 주면 인공적인 3배체의 불임 굴 탄생이 가능하다. 조물주가 창조한 성의 신비를 인간이 풍요로운 삶을 위해 조작하는 단계가 되었으니 인간의 지혜는 역시 대단하다.

그런데 곰곰이 생각해 보면 이와 같은 인위적 성의 조작은 과학의 승리인 듯하나, 또 한편 멀리 생각해보면 우리는 스스로 무엇인가를 잃는 듯한 묘한 기분도 든다. 모든 생물은 본능적으로 왕성한 번식의 욕구가 있는데 굴은 현대인의 상업성을 위해 집단으로 불임을 당하고 있으니 자연의 공간을 함께 공유하며 살아가는 우주의 공동체로서 볼 때 인간의 처사는 때때로 비정한 면도 있다.

한 여름 삼복더위에 슈퍼마켓에 등장할 슬픈 사연의 '불임 굴'을 생각하노라면 겨울바다에 꽃처럼 피어난 석화의 향기로운 맛이 더욱 깊게만 느껴진다.

(1996)

지혜와 탐욕

　인간의 정신영역은 매우 깊고 오묘하여 그 지혜는 항상 무한하고 끝없는 아름다움을 창조하고 있다. 그런데 이와는 정반대로 '사람은 사람에게 가장 늑대다' 라는 말과 같이 때로는 야수와도 같은 어리석고 잔인한 단면도 있다. 인간을 당신의 형상으로 창조하셨다는 하느님의 참뜻은 무엇이었는지 아이러니가 아닐 수 없다.

　이와 같은 어리석음의 근원은 본능적인 탐욕 때문이며 결국 인간사 대부분의 과실은 바로 이 지나친 욕심에서 비롯된다고 한다. 따라서 탐욕을 벗어 버릴 때 지혜롭고 평화로울 수 있으며, 또 대자유를 추구하는 수도자의 수행도 철저한 무소유를 바탕으로 하고 있다. 이와 같은 면에서 볼 때 요즈음의 우리사회는 너무나 소득의 개념만을 중요시하는 듯 하여 걱정스럽다. '매우 생산적인 사람' 이니 또는 '비생산적인 일' 이니 하며 많은 시비의 근원과 결론이 얼마나 순소득을 남겼느냐에 초점이 맞춰지는 분위기이다.

　그러나 자연 생태계의 모습을 우리와 비교해보면 많은 차이가 있다. 자연 생태계의 생물은 크게 생산자와 소비자로 구분되는데 이

둘의 역할은 항상 동등하게 인정된다. 적당한 소비자가 있을 때만이 생산 그 자체의 의미가 있고 또 생산성도 높아지므로 소비는 생태계의 진화를 위하여 생산 못지않게 중요한 의미를 갖고 있다. 자연의 생태계는 순생산력을 추구하여 부富를 축적하기보다는, 오히려 총 생산력 자체를 향상시키며 전체적인 생태계의 항상성과 발전을 유지하려 한다. 이러한 면에서 볼 때 인간은 자연의 순리를 거스르는 예가 많다.

우리는 당장의 부를 축적하기 위하여 총생산력 향상을 위한 소비는 최소로 억제하고 순생산력만을 지나치게 추구한다. 그 결과 총생산력은 오히려 감소되고 인간이 이용할 수 있는 순생산력마저도 모두 상실하는 경우가 많다. 특히 최근에는 첨단과학기술이라는 미명하에 자연의 순리를 무시한 채 자연으로부터 순소득만을 강요하고 있다. 일 예로 유전육종기법을 적용한 성性의 전환이라거나 불임不姙 3배체 생물의 생산 등이 대표적인 예이다.

자연으로부터 순소득만을 극대화하려는 지나친 욕심에 따라 인위적으로 조작된 성은 어떤 면에서 매우 위험한 생태계의 파괴로 볼 수도 있다. 또 남해안의 굴이나 피조개 양식의 경우도 성장이 우수한 개체일수록 조기 수확되고 성장 속도가 가장 빠른 어미 직전의 상태에서 항상 수확하고 있다. 이와 같이 짧은 욕심만을 계속 추구한 결과 이제는 전체적인 종種의 열성 화를 초래하여 결국 남해안 패류 자원의 황폐화를 맞고 있을 뿐이다.

과연 인간의 본성은 지혜로움을 추구하는 것일까 아니면 탐욕을 추구하는 것일까? 이런 면에서 볼 때 말 없는 자연생태계야말로 우리에게 지혜를 전해주는 참된 스승이 아닐까 생각해본다.

(1996)

기르는 예술

우리나라 사람들처럼 생선을 즐겨 먹는 국민도 없다. 외국에서는 동물의 사료로나 이용하는 명태를 우리는 생태, 황태, 동태, 북어, 코다리 등, 같은 생선인데도 이름을 달리 하며 다양하게 맛을 즐기고 있다. 또 창란젓, 명란젓, 아가미젓 등 어느 것 하나 버림이 없이 알뜰히 먹는 것을 보면 생선에 대한 우리 국민의 식도락은 과히 세계의 으뜸임이 확실하다. 특히 우리나라 수산업의 메카인 부산에서는 어려서부터 싱싱한 생선을 즐겨 먹어온 습관 때문인지 타 도시에 비하여 해물에 대한 미식가가 유난히 많다. 한동안 싱싱한 생선을 맛보지 못하면 그 맛이 그립고 마치 생체 리듬이 깨진듯하여 만사를 제치고 주기적으로 해변의 횟집을 찾는 부산 시민이 의외로 많다. 특히 요즘은 경제 수준의 향상으로 더욱 많은 사람들이 생선을 찾지만 '생선 값이 금값' 이라는 말이 날 정도로 식탁위의 생선은 계속 뜸해지고 있다.

최근 고기를 잡는 어업기술은 크게 향상되었지만 연안 환경오염과 지나친 남획으로 이제는 잡을 만한 고기가 급격히 감소되고 있다. 따라서 우리나라에서는 오래전부터 잡는 어업에서 기르는 어업으로 정책을 추진해 왔고 그 결과 양식 산업은 날로 번창하고 있다. 인류학자 앨빈 토플러가 그의 저서 『제3의 물결』에서 지적하였 듯이, 오늘날 바다 목장화를 통한 양식 산업은 전세계적으로 가장 유망한 산업으로 대두되고 있다. 최근 양식생산물은 식량 확보의 차원을 넘어 의약품의 원료, 대체에너지, 폐수 및 대기 정화, 공업원료 등으로 폭넓게 활용되기도 하니 양식산업의 중요성은 날로 증가하고 있다. 따라서 양식 산업은 우리뿐만 아니라 많은 나라에서도 국가적인 차원으로 야심차게 개발하고 있다.

그런데 바다의 물고기를 기르는 이 양식 산업은 보통 사람들이 막연히 생각하듯 그리 쉬운 일이 아니다. 물속의 고기를 대량으로 기르는 일은 복합적인 여러 과학기술은 물론 지극한 정성을 필요로 한다. 물고기를 잘 기르려면 물고기와 무언의 대화를 나눌 수 있어야 하는데 이는 이론적인 과학 지식과 최첨단의 시설만으로는 해결되지 않는다. 물고기와 느낌을 함께 하는 데에는 첨단과학기술로 밝힐 수 없는 수많은 조건이 난재해 있기 때문이다.

따라서 학자들은 양식을 '과학과 예술의 조화'라고 표현하기도 한다. 아마도 이 '예술'이란 표현은 양식에 존재하는 난해성을 가장 잘 대변하는 미적美的 표현이라 생각된다. '예술이란 모방이 끝나는 곳에서 시작된다'는 오스카 와일드의 명언과 같이 물 속의 미물微物과의 대화방법은 결코 획일화 될 수 없고 다른 누구도 모방할 수 없는 자신만의 창조적 직관에 의한 예술이 아닐까? 이러한 면에서 볼 때 물고기를 키우는 양식 산업은 단순한 기술이 아닌 '기르는 예술'이라 표현해도 결코 지나친 과장이 아닌 듯 싶다.

(1995)

양식과 축산

　흔히 바다의 양식을 육상의 축산에 비교하곤 한다. 숲 속의 야생 동물을 잡는 수렵은 바다의 어업과 같고 가축을 대량으로 사육하는 축산업은 바다의 양식업에 비교할 수 있다. 양식과 축산은 바다와 육지라는 환경의 큰 차이가 있긴 하나 생물을 인위적으로 또 대량으로 다룬다는 측면에서 이론적으로 서로 유사한 점도 많다. 따라서 바다 양식을 바다 목장으로 표현하기도 한다.

　그러나 양식은 축산에 비하여 매우 복합적이고 까다로운 전문성을 요구하고 있다. 양식이 축산에 비하여 어렵다는 점은 여러 면에서 설명될 수 있지만, 그 중 대표적인 예는 양식의 경우 수질의 관리가 매우 까다롭고 이것이 양식의 성패를 좌우하는 절대적인 과제라는 점이다. 축산의 경우 먹이를 먹는 곳, 배설하는 곳, 잠자며 휴식하는 곳 등을 따로 손쉽게 관리할 수 있으나, 양식의 경우는 숨쉬고, 먹고, 배설하고. 잠자는 일 등 모두가 물속에서 동시에 이루어지는 것이다. 그러니 물고기가 쾌적하게 살 수 있는 수질을 지속적으로 유지한다는 것은 외양간을 쓸고 닦으며 관리하듯 그리 간단하지가 않다.

또 축산의 경우는 비교적 잡식성의 저단백질을 요구하므로 경제적인 사료의 대량 생산과 저장이 수월하다. 그러나 바다의 물고기는 대부분이 육식성이며 40%이상의 고단백질을 요구한다. 또 어렸을 때는 살아있는 먹이를 요구하는 경우도 많아, 먹이의 저장이 어렵고 경제적으로도 비싼 어려움을 갖고 있다. 가축의 경우는 생활사가 간단하여 생존율이 높은 반면 양식 생물은 변태를 통한 복잡한 생활사 때문에 사망률이 매우 높고 질병에 대한 정보도 일천하여 갑작스러운 대량폐사도 많다.

이외에도 축산은 투자에 대한 소득이 계획적으로 이루어지는 반면 바다 양식은 태풍과 같은 자연 재해로 큰 위험부담을 갖고 있다. 이와 같이 바다 양식은 축산에 비하여 어느 것 하나 쉬운 것이 없는데도 불구하고 많은 야심찬 사업가들이 끊임없이 도전하는 이유는 바다 양식이야말로 가장 화려한 식품을 생산하는 차세대 유망산업이기 때문이다. 비록 위험 부담이 높고 힘든 바다의 일이긴 하나 한 번 성공하면 큰 뭉칫돈을 남길 수 있다는 매력 때문이다.

지금 각 국은 '바다에서 황금을 캐자!' 라는 슬로건을 내세우며 바다 양식에 박차를 가하고 있다. 우리나라도 오랜 양식 전통으로 세계 10위권의 양식 생산량을 기록하고 있다. 그러나 보다 세계적인 양식대국이 되기 위해서는 정부차원의 정책 개발은 물론, 산·학·연·관 모두가 협동하여 세계를 선도할 새로운 양식 기술을 개발하여야 할 때이다.

(1996)

자연속의 직업, 양식

　후기산업시대가 되면서 직업의 종류가 더욱 세분화 되고 전문화 되고 있다. 예전 같으면 상상도 못했을 별의 별 직업이 끝없이 등장하고 있다. 자유로움을 중시하는 요즘의 신세대 젊은이들은 이렇게 새롭고 개성 있는 직업을 선호하는 경향이 뚜렷해지고 있다. 이 사회에서 필요로 하는 모든 직업은 특별히 귀천이 따로 있을 수 없지만 그래도 시대에 따라 선망의 대상이 되는 인기 있는 직업은 항상 있기 마련이다.

　우선 직업이란 그 사회에서 필요로 하는 생산적인 일이어야 한다. 단순히 돈을 많이 번다거나 또는 큰 권한을 갖는다는 것만으로는 훌륭한 직업의 조건이 될 수 없다. 자신이 하고 싶은 일을 쾌적한 환경 속에서 자유롭게 할 수 있고 또 그것이 다른 사람을 위하여 크게 공헌할 수 있다면 그 일은 가장 행복한 자신의 직업이 될 것이다.

　이런 면에서 최근 세계적으로 각광받고 있는 양식업을 생각해 본다. 일찍이 미국의 인류학자 엘빈토플러는 해양에서의 양식업은 전자, 우주, 신소재, 유전자 산업 등과 더불어 가장 유망한 차세대 산업 중의 하나라고 지적한 바 있다. 이와 같은 이유는 폭발하는 인구 증가에 따른 식량, 특히 고단백질 식품의 확보가 집약적인 양식기술에 의해 해결될 수 있기 때문이다. 따라서 양식 산업은 미래 인류의 식량 문제를 해결 할 수 있는 중요한 의미를 갖고 있다. 원래 양식은 우리나라, 일본, 중국과 같이 해물을 즐기는 동양에서 오래 전부터 전통적으로 생산해 왔다. 그러나 최근에는 위와 같은 중요성이 인식되면서 서구의 선진국은 물론 전 세계의 국가에서 빠른 속도로 양식을 발전시키고 있다.

양식업은 복잡한 도시를 떠나 쾌적한 자연 속에서의 직업이라는 점이 큰 매력을 갖게 한다. 물고기를 기르기에 적합한 곳은 사람의 발길이 뜸한 조용한 곳이므로 수질오염이니 대기오염이니 하는 골치 아픈 도시의 공해로부터 해방되어 있기에 좋다. 예전처럼 교통이 발달되지 않았을 때는 외진 곳에서 홀로 양식업을 하기란 매우 큰 용기가 필요했었지만 이제는 교통의 발달로 도시의 문화를 즐기기 위한 아무런 불편함이 없다. 양식업은 살아 움직이고 성장하며 번식하는 자연의 생물과 더불어 동거동락하는 직업이니, 한 치 마음속을 알 수 없는 도시인들의 복잡한 인간관계에서 오는 스트레스가 없어서도 좋다. 또 노력한 것만큼 경제적인 소득을 얻을 수 있고 화려한 식품생산을 통한 사회기여도 대단하다. 이와 같은 점에서 볼 때 양식업이야말로 가장 자유롭고 순수하며 경제적으로도 매력 있는 자연속의 직업이 아닐까 생각해본다.

(1996)

햄버거와 미역국

얼마 전 초등학교에 다니는 애들로부터 요즈음 어린이들이 좋아하는 음식이 무엇인지 쉽게 알 수 있었다. 우리 집 애들이 다니는 학교는 점심을 자율 급식하는데 일주일의 메뉴가 각 가정에 배포된다. 그래서 애들은 아침에 학교로 나서며 '오늘은 무슨 반찬이다' 하며 좋아하곤 한다. 이와 같은 어린이들의 자율 급식은 교육적으로도 매우 긍정적이어서 전국의 초등학교에 점차 확산될 계획이라 한다.

며칠 전 아침에 아내가 미역국을 끓인 예가 있는데 애들이 "오늘은 점심에도 미역국을 먹어야 하는데 아침에도 미역국이야"하며 반찬 투정을 하는 일이 있었다. 미역국이 어째서 싫으냐고 물으니 맛이 없고 입안에서 빙빙 돌뿐 빨리 먹고 싶지가 않다고 한다. 또 미역국은 학급 친구 거의 모두에게 인기가 제일 없다고 덧붙였다. 그러면 무슨 음식이 나올 때가 제일 인기 있느냐고 물어보니 햄버거 나오는 날이 최고라 한다.

우리나라에서의 미역국은 경사스러운 생일이면 꼭 등장하는 맛 이상의 전통적 의미를 갖고 있다. 따라서 대부분의 사람들은 미역

"

국이 맛이 있고 없고를 떠나서 미역국을 먹을 때마다 일종의 향수에 젖은 문화적인 맛을 즐기고 있다. 이와 같은 전통 때문에 미역 소비량은 외국에 비하면 매우 높다. 미역에는 타 식품에서 찾아보기 힘든 피를 맑게 하는 요오드가 풍부한 저칼로리 식품일 뿐 아니라 섬유질이 많아 섭취한 음식물들을 잘 섞어주고 배설하게 하는 최고의 건강식품이다. 또 최근 연구에 의하면 미역은 암이나 당뇨 등 성인병을 예방하는 효과도 탁월함이 입증되고 있다. 따라서 최근에는 미국, 불란서 등 많은 선진국의 학자들이 우리의 미역 양식 기술을 배워가고 있는 실정이다.

그런데 이렇게 영양학적으로 훌륭한 우리 고유의 전통적 맛을 지닌 미역국이 어린이들에게는 가장 인기 없는 음식으로 전락하였다는 사실은 매우 유감스러운 일이 아닐 수 없다. 이미 가공된 고기 덩어리와 치즈를 양배추와 함께 빵 사이에 이층 삼층으로 올려놓고 기름종이에 싸서 들고 돌아다니며 먹어대는 미국사람들의 햄버거 문화를 꽤나 천박한 모습으로 느껴왔는데, 이제는 우리의 어린이들이 그러한 모습을 보이고 있다.

요즘 서구의 선진국에서는 해산물이 육류보다 월등히 우수하고 화려한 웰빙 식품이라는 사실이 급속히 인식되고 있다. 따라서 소위 품위 있는 부르주아 행세를 하려면 해조류나 생선회를 즐겨 먹을 줄 알아야 한다고 한다. 그런데 우리의 어린이들은 왜 미역국은 외면하고 햄버거집 앞에 긴 줄을 서야하는지! 이는 단순한 세대 차이에서 오는 이질감이 아닌, 무엇인가 잘못된 듯한 아쉬움과 우려를 하지 않을 수 없다.

요즘 우리사회에는 교육개혁에 대한 논의가 뜨겁다. 대학입시에 치중한 교육개혁도 중요하지만 이와 같은 어린이들의 음식문화교육도 한번쯤 생각해 볼 문제이다.

(1995)

진화와 조직

우리나라 국민처럼 수산물을 좋아하는 예도 흔치 않다. 김장때만 되면 모든 가정마다 맛있는 젓갈을 준비하는 것 만 보아도 수산물이 우리 식생활에서 얼마나 큰 비중을 차지하는가를 쉽게 알 수 있다. 그러나 최근 임해공단 조성과 악화일로의 연안 환경오염은 연안어업생산을 크게 위축시키고 있다. 따라서 인위적인 양식생산을 통한 수산물 확보의 기대감이 날로 팽대하고 있다. 내용을 잘 모르는 많은 사람들은 양식업을 경치 좋고 물 좋은 바닷가에서 싱싱한 물고기들과 더불어 진행되는 낭만적인 단순한 일로 생각하는 예가 많은 것 같다. 그러나 실제로 양식은 수익성이 매우 높을 수 있다는 점과 주변 자연환경이 비교적 아름답다는 매력은 있으나 그렇게 쉬운 일은 결코 아니다.

우선 양식학은 한 분야의 학문내용이 아닌 여러 분야의 복합학문이라 할 수 있다. 예를 들면 생물을 다루기 위한 생리, 생태, 유전, 발생 등의 순수 생물학과 사료개발을 위한 생화학과 영양학, 질병을 다루기 위한 병리학과 약리학 등 많은 자연과학의 기초분야가

포함되어 있다. 또 대량생산하는 과정에서 환경관리를 위한 수질공
학과 기계, 전기, 토목 등의 양식 공학적 지식도 매우 중요하다. 이
러한 현상은 정도의 차이는 있으나 다른 모든 산업분야에서도 동일
하고 첨단산업일수록 더욱 그러하다. 즉 현대 산업의 기술개발은
한 전공분야의 전문가가 이룩할 수 있는 것이 아닌 여러 분야 간의
긴밀한 공동연구체제에 의해서만 가능할 수 있다. 각 분야의 능력
이 매우 빛난다하더라도 이들 여러 분야의 연구계획과 결과가 목적
에 맞게 서로 체계적으로 묶여지지 못한다면 첨단의 양식기술개발
을 기대하기 어렵다. 우리나라의 산업이 다른 선진국에 비해 상대
적으로 뒤떨어진 큰 이유 중의 하나도 바로 이와 같은 공동연구체
제의 취약성 때문으로 생각할 수 있다.

진화적으로 가장 하등한 단세포 생물을 보면 한 개의 세포로 호
흡, 소화, 번식 등 생존에 필요한 모든 기능을 해결한다. 그러나 고
등한 생물로 진화할 수록 수많은 세포로 구성된 기관이 있고 여러
기관의 기능이 서로 조직적으로 연결되어 생명을 유지하고 있다.
따라서 고등한 생물일수록 여러 기관을 유기적으로 묶어주는 조직
체계가 발달되어 있다. 이와 같은 고등생물의 특성을 볼 때, 다양하
고 복잡한 구조를 갖는 현대 산업이 보다 효과적으로 발전하기 위
해서는 각 분야의 단독적인 발전도 중요하지만, 각 분야를 유기적
으로 연결하는 정교하고 합리적인 조직망이 필수적이다. 이와 같은
조직망을 구축하기 위해서는 제도적인 규정도 중요하다. 그러나 이
에 앞서 상호 존중하는 협동정신이 더 우선되어야 할 것이다.

(1993)

광합성 세균과 3D현상

자연 생태계에는 생산자와 소비자가 있다. 생산자는 말 그대로 탄소동화 작용을 하여 유기물을 스스로 합성하는 녹색식물이고 소비자는 이들을 먹고사는 동물이다. 모든 소비자는 생산자가 만든 유기물과 산소 덕분에 살 수 있다. 그런데 바다와 호수 등의 밑바닥 흙 속에는 산소가 전혀 없어도 약간의 희미한 빛만 있으면 살 수 있는 불과 1~1.5㎛ 크기의 매우 작은 붉은색의 세균이 있다. 이것이 바로 광합성 세균이다. 이 작은 세균은 다른 생물들이 전혀 살고 싶어 하지 않는 어둡고 추운 특히 숨 쉴 산소 조차 없는 더러운 밑바닥의 저질 속에서 살고 있다. 따라서 얼핏 보기에는 하찮은 소수 그룹으로 취급될 수도 있음이 당연하다.

그러나 자연 생태계에서 이들 세균의 역할을 자세히 보면 다른 어느 거대한 힘을 가진 생물도 감히 해낼 수 없는 매우 중요한 역할을 하고 있다. 이들은 모든 생물이 기피하는 최악의 환경 속에서 견디면서 그곳의 탄산가스를 호흡원으로 이용하며 물밑으로 떨어진 무수히 많은 작은 유기물을 분해한다. 그리고 그 영양염으로 자신을 증식시켜 결국에는 저서동물들의 귀중한 먹이로 제공되게 하고 있다. 즉 광합성세균은 아무도 이용할 수 없는 곳으로 떨어진 유기물의 에너지를 재순환시키고 저서환경을 정화시키는 일을 하고 있다. 그러니 이들의 생태적 역할은 외견상 보이는 바와는 달리 결코 과소평가할 수 없음을 알게 된다. 따라서 생태학자들은 이 생물을 동물그룹의 세균이라 부르면서도 생산자로 분류하고 있다.

모든 생물이 외면하는 이 보이지 않는 어두운 곳에서 묵묵히 할 일을 다 하는 광합성세균의 참 모습을 보면서 우리 인간사회의 오만함과 어리석은 단면을 보지 않을 수 없다. 인간세상에서는 소위 권세와 부가 있고 학문이 높은 계층은 사회를 유지하고 발전시키는 데 없어서는 안 될 절대적인 대표자이고, 상대적으로 작고 힘들고 어두운 곳에서 일하는 계층은 그 사회적 역할이 하찮아 마치 없어도 되는 것 인양 무시되는 예가 많기 때문이다. 자연 생태계에서는 서로의 생존을 위하여 서로 주고받을 뿐, 그 누구가 더 중요한 대표자라고 다투는 법이 없다. 그러나 인간세상에서는 모든 분야의 일이 다 동등함에도 불구하고, 힘 있고 화려하게 보이는 역할만이 가장 중요한 것처럼 주인 행세를 하곤 한다.

최근 우리사회에서는 소위 3D현상이 만연하여 더럽고 힘들고 위험한 곳에서의 일은 모두가 기피하여 이제는 사회적으로 큰 문제가 되고 있다. 만약, 산소도 없는 밑바닥 흙 속에 광합성 세균이 없었다면 귀한 유기물이 에너지원으로 사용되기는커녕 오히려 계속 사장되어 모두 썩을 것이다. 그리고 결국에는 부패하면서 발생한 유화가스로 그 부근의 모든 생물은 살아남을 수 없을 것이다. 모든 사람이 3D를 기피하여 화려하고 쉽고 안전한 일터만 원한다면 과연 작은 광합성세균과 같은 역할은 누가 할 것이며 우리사회는 결국 어떻게 될지 걱정되지 않을 수 없다.

(1993)

해양미세조류은행

해양은 지구의 71%를 차지할 정도로 면적의 측면에서 매우 광대하다. 또 그 안에서 함께 살아가고 있는 수많은 생명체들은 무궁무진한 신비로움을 간직하고 있다. 그래서 우리는 바다가 인류의 유일한 희망이라고 말하곤 한다. 해양생물 중에서도 미세조류는 크기 면에서 매우 미세하고 스스로 움직이지도 못하는 단세포 식물이다. 그러나 그 역할은 일차생산자로서 해양의 생물생산력과 생태계를 좌우하는 가장 중요한 지위를 차지하고 있다. 학자들에 따르면 해양의 미세조류가 약 3~4십만 종류나 되고, 또 미세조류에 의한 연간 유기물 생산량도 약 200억 톤이나 된다고 하니, 무궁무진한 미세조류의 신비로움은 학자들의 관심을 끌기에 끝이 없다.

해양의 미세조류는 강을 통해 육지로부터 내려오는 모든 용해된 영양염을 흡수하여 탄소동화작용을 하므로 함유한 영양가의 측면에서도 매우 다양하고 희귀한 것이 많다. 따라서 최근에는 유용한 미세조류를 대량으로 양식해야 할 필요성이 대두되었다. 지금까지 양식 산업의 전통적인 개념은 인간의 식량을 확보하기 위한 것이었으나, 최근에는 식량 이외에도 고부가 가치가 있는 수중 생물을 기르는 모든 것을 포함하고 있다. 따라서 바다로부터 순수분리한 단세포 미세조류를 마치 물고기나 조개를 양식하듯 대량으로 배양하고 있다.

대량배양된 미세조류는 인간의 건강보조식품, 공업 및 의약품 원료, 양식 또는 축산의 먹이 사료 등에 넓게 이용하고 있다. 또 미세조류는 탄소동화작용을 하는 식물이므로 오염된 탄산가스를 흡수한 후 맑은 산소를 내보낸다. 따라서 탄산가스 고정이나 폐수처리와 같은 환경산업은 물론, 잠수함, 우주선 등에서의 공기정화를 위한 군사적 목적으로도 활용된다. 또 미세조류로부터 메탄가스나 디젤 같은 생물연료를 개발할 수도 있다. 이와 같이 미세조류는 해양의 기초과학 외에도 다양한 산업분야에 활용되고 있어 이용 가치가 매우 크다.

그러나 바다의 미세조류를 순수분리 하는 것은 매우 정교하고 숙달된 경험과 많은 인력과 시간을 요구한다. 따라서 이것만을 취급하는 전문적인 연구기관이 필요하다. 어떤 산업이 발달할수록 담당하는 일이 다양하게 분업화 되듯이, 연구 분야 역시 다른 사람의 연구를 위해 연구소재만을 담당하는 전문기관이 필요한 것이다. 이러한 연구소재은행은 그 분야의 인프라를 구축하는 가장 중요한 수단이므로 국가적인 차원에서 육성하는 예가 대부분이다. 따라서 선진국일수록 다양한 '특수연구소재은행'이 많다. 마치 돈이 필요한 사람은 은행으로 가면 되듯이, 해양미세조류가 필요한 사람은 해양미세조류만을 확보하고 공급하는 '해양미세조류은행'으로 가면 되는것이다. 아마도 앞으로는 이와 같이 현금을 직접 거래하지 않는 특수한 은행이 많아질 것이다.

(1994)

삶의 여정

길에 대한 단상

　성하절의 무성했던 나뭇잎이 하루하루가 다르게 잎을 떨구고 있다. 앞마당 나무 가지들은 어느새 앙상한 뼈를 보이듯 허전한 모습을 보이고, 녹음으로 가려졌던 마을 입구의 언덕길이 멀리 보이기 시작한다. 나뭇잎으로 동네 밖이 보이지 않던 여름에는 방해 받지 않던 마당의 닫힌 공간이 좋았는데, 낙엽 지는 쓸쓸한 계절이 되고 보니 사람이 그리워져서인지 마을을 향한 언덕 길이 보임이 여간 다행스러운 반가움이 아닐 수 없다.

　한 시간에 한 대씩 지나는 작은 마을버스가 언덕을 내려오기도 하고 경운기는 힘에 겨운 듯 딸딸 거리며 언덕을 오르고 있다. 나는 요즘 한가한 주말이면 차 한 잔 들고 가을 햇살을 받으며 마루에 앉아 멀리 마을로 내려오는 신작로를 쳐다보는 망중한을 즐기곤 한다. 여름에는 집밖의 아무 것도 보이지 않아 자유를 즐겼는데, 이제는 집 앞의 풍경이 휑하니 열려 있고, 멀리 마을로 들어오는 신작로도 보이고, 그 위를 지나는 사람들의 모습이 이토록 반가우니 계절의 변화는 사람의 마음을 변덕스럽게 하기도 한다.

모두가 버리고 떠나기를 준비하는 이 계절에 저 길마저 없었다면, 내가 머무는 이 집은 얼마나 더 외지고 쓸쓸해 보일까? 마을로 내려오는 항상 있어 왔던 저 언덕길이, 오늘 따라 사람 사는 온정을 느끼게 하며 무엇인가 믿고 의지 할 수 있는 듯한 훈훈한 느낌마저 주고 있으니, 새삼 '길'에 대한 만감이 교차한다.

'길'이란 단순히 통행을 위한 지리적 개념을 초월한, 우리의 삶 속에서 만나는 모든 정신적 육체적 과정을 함축적으로 내포하는 철학적 용어이기도 하다. '길'이란 언제 어디에서나 영원히 존재한다. 행선지가 다른 사람은 서로 다른 '길'을 가듯이, 어느 누구하나 같은 모습을 지니고 있지 않은 우리 모두가 다 자기 나름대로의 서로 다른 삶의 '길'을 걷는 것은 필연적일 수밖에 없다. '길'은 이와 같이 모두가 다 개별적이며 상호 독립적인 것이다.

그러나 한편 생각을 돌이켜 보면, 모든 사람이 태어나면서부터 늙어 가고 죽음을 향해 가는 '길'이라든지, 또는 죽은 후 신께로 돌아가는 '길' 등을 생각해보면, 모든 사람의 서로 다른 '길'도 결국엔 동일한 한 '길'에서 만나는 것이다. 마치 모든 계곡의 물이 서로 다른 길을 지나 바다에서 함께 만나듯, 모든 사람들의 서로 다른 길은 결국 한 곳에서 함께 만나는 공통된 길이기도 한 것이다.

'길'이란 결코 목적이 될 수는 없는 것이다. 단지 목적을 향한 한 과정으로서의 수단인 것이다. 우리는 삶 속에서 나름대로의 목적을 갖고 이를 위한 길을 끊임없이 선택하며 또 그 선택에 대해 스스로 책임을 지며 살아가고 있다.

그런데 자신이 선택한 이 '길'은 다른 사람에게도 항상 가시적이라는 데 중요한 문제가 있는 것이다. 내 인생을 살면서 걷게 되는 그 '길'이 다른 사람에게는 선례가 되기도 하고 길잡이가 될 수도 있으니 그 '길'을 택함에 있어 신중하지 않을 수 없음이다. 백범 김구 선생께서 즐겨 애송하시던 서산대사의 선시가 생각난다.

눈 오는 벌판을 가로질러 걸어 갈 때
발걸음 함부로 하지 말지어다
오늘 내가 남긴 자국은 드디어
뒷사람의 길이 되나니.

나는 과연 어떤 발자국을 남기고 있는지?

(2004)

다리 단상

　'다리' 하면 떠오르는 추억이 많다. 사람마다 다리에 대한 기억과 느낌이 다르겠지만 나에게도 다리는 항상 내 삶 속의 한 부분으로 동고동락하며 살아 왔다는 느낌을 지울 수 없다. 나는 어린 시절 한강이 내려다 보이는 마포에서 자랐다. 지금은 한강에 이름도 다 기억 못할 여러 다리가 있지만, 그 당시만 해도 한강은 일제 강점기가 남긴 흉물스런 한강철교 하나뿐이었다. 어린 나에게는 이 한강 다리가 고통의 슬픈 모습으로만 느껴졌다.

　나는 초등학교도 들어가기 전부터 어머니로부터 자주 한강 다리에 대한 이야기를 들어야만 했다. 이야기는 바로 이런 것이었다.

　6 25 사변이 터져서 어머니는 돌도 안 된 나를 등에 업고, 머리에는 짐을 이고 양손엔 형과 누이 손을 잡고 피난을 가는 이야기였다. 이승만 대통령의 라디오 방송을 듣고 한강 다리를 건너 피난 가려는데, 막상 가보니 자기들은 몰래 부산으로 피난가면서 빨갱이 못 내려오게 한강 다리를 끊어 버리고 갔다는 것이다. 그것도 모르고 수많은 사람이 한강 다리를 건너려다 폭격 맞아 죽고, 물에 빠져

죽고, 우리는 구사일생으로 겨우 살아남았다는 실제의 다큐멘터리
였다. 어머니의 이런 피난 이야기 때문이었는지 아무것도 모르던
어린 시절, 나는 ‘다리’ 하면 그저 슬픈 것이란 생각뿐이었다.

그러다가 좀 더 커서 중학시절이 된 후부터 다리에 대한 추억은 많
이 달라졌다. 요즘은 청소년을 위한 재미있는 놀이가 도처에 많지만,
아니 너무 많아서 탈이지만, 그 당시에는 정말로 구경거리가 없었다.
내 기억에 가장 멋진 구경거리는 역시 10월 1일 국군의 날 행사였다.
지금은 국군의 날이 공휴일이 아니지만 그 때는 공휴일이어서 국군
의 날은 가장 기대되는 멋진 날이기도 했다. 군인들의 행사는 주로
한강다리 건너 동작동 국립묘지나 여의도 부근에서 많이 했기 때문
에 마포에 살던 나는 친구들과 함께 한강 다리 건너 구경 가는 일이
야 말로 가장 재미있는 연중행사였다. 한 낮엔 여전히 따끈따끈한
10월 가을 햇살을 받으며 동네 친구들과 함께 한강다리를 건널 때의
설레이던 마음은 지금 생각해도 즐거운 추억이 아닐 수 없다.

그런데 대학생이 되고부터는 ‘다리’에 대한 추억은 더욱 다양한
낭만의 대상이 되었던 것 같다. 방학이면 배낭을 메고 이곳저곳을
다니곤 했는데 징검다리를 건너 시골 마을로 들어가는 아름다운 우
리 농촌 모습은 지금도 가장 좋아하는 풍경중의 하나이다. 또 사회
현실과 이성에 눈이 뜨면서 친구들과 막걸리에 취할 때면 인생이
어떻고 사랑이 어떻고 하며 갑론을박 하다가 그것도 재미없게 되면
어느 선배의 노트에서 베껴쓴 시詩 “미라보 다리 아래 세느 강은 흐
르고 우리네 사랑도 흘러내린다~ 밤이여 오라 종아 울려라. 세월은
가고 나는 머문다”하며 내 마음대로 감탄사를 연발하며 주절대던
아폴리네르의 시 ‘미라보 다리’도 기억에 새롭다. 또 불란서에서
지내면서 파리에서 가장 아름다운 다리라는 ‘뽕드느프Pont de
neuf’를 할일 없이 왔다 갔다 하던 일, 주말과 공휴일 사이에 하루
가 끼어 있을 때에는 ‘뽕(pont, 다리)!’ 이라 소리치며 실험실 친구

들과 함께 하루를 제끼던 즐거운 추억 등, 대학부터 유학시절까지 '다리'가 나에게 주었던 추억은 더 이상 슬픔도 호기심도 아닌 낭만과 멋, 그 자체였던 것이다.

그런데 귀국하고 대학으로 오면서 이미 30대 중반을 훌쩍 넘긴 나에게 '다리'란 또 다른 모습으로 느껴졌다. 다리란 삶의 한 가운데 있는 건너야만하는 피할 수 없는 대상인 듯 했다. 내가 30~40대였던 1980~1990년대, 우리나라는 건설과 개발의 절정기로 수많은 환경 변화를 초래 하였다. 다리와 관련한 성수대교 사건 등 수많은 애환이 있었지만, 내가 직접 겪었던 80년대의 낙동강 하구 둑 공사와 90년대의 광안대교 공사는 삶의 많은 것을 느끼게 한 귀중한 체험이었다.

근 10여년이나 걸린 이 두 다리 공사는 역대의 대 공사라 그랬던지 말도 많고 사고도 많았다. 번영을 위한 개발이라는 명분 뒤에는 아름다운 자연은 파괴 될 수밖에 없었다. 또 그곳에 살던 주민들은 조상 대대로 기대어 살아 왔던 삶의 터전을 졸지에 잃어버리고 자신의 정체성마저 하루아침에 유린당한 셈이 되니, 이러한 거대한 다리공사는 그들에겐 생사를 건 긴장감을 줄 수밖에 없었다.

이와 같이 30~40대 내가 겪은 '다리'란 치열한 삶을 대변하는, 생존을 위해서는 아픔을 참고 넘어야 하는, 고통과 희망이 뒤섞인, '엄숙한 삶' 그 자체와도 같은 모습이었다. 이와 같이 '다리'는 내 삶 속에서 항상 내 곁에 있어 왔다. 처음에는 슬픔과 호기심으로, 또 낭만과 멋으로, 그리고 치열한 삶을 배우는 삶의 현장으로, 항상 나와 함께 살아왔다.

그런데 이제 지천명의 나이도 절반을 넘기고 보니 '다리'는 또 다른 모습으로 내게 닦아 오는 듯하다. 이제부터는 내가 다리를 바라보거나 건너는 주체가 아니라, 그저 나 자신이 그리고 우리 모두가 서로를 위해 '튼튼하고 너그러운 하나의 다리' 그 자체가 되었으면

하는 꿈인 것이다. 폭격에 맞아 끊어진 슬픔의 다리, 부실공사로 수많은 등교길 어린학생을 희생시킨 분노의 다리, 돈을 건네주어야만 열어주는 인색한 다리, 이런 다리가 아니라 그 누구나 '나 또는 우리라는 다리'를 밟고 통해 낭만과 번영의 세상으로 건네게 해주는 그런 '다리'가 될 수 있다면 우리는 모두 얼마나 행복할 것인가!

　새삼 오래 전 히트였던 "Bridge over troubled water~ 험한 세상 건너는 다리가 되어 당신 곁에 있어 줄게요"라는 싸이먼과 가펑클의 팝송가락이 그리워짐은 단순히 흘러간 옛 노래의 추억 때문만은 아닌 것이다.

(2003)

우연과 필연

　내가 중학교를 다닐 때 사람이 산다는 것은 본인의 뜻과는 전혀 관계없는 한 우연의 결과라는 생각을 했었다. 그 당시 부잣집 외아들이었던 한 친구가 있었는데 그 녀석을 부러워했던 어린 시절의 기억이 새롭다. 그 친구 집엘 놀러 가면 항상 먹을 것도 많았고 또 좋은 물건도 많았다. 당시만 해도 어린 중학생이 사진기를 소유하고 사진 찍기를 즐기기란 그리 흔한 일이 아니었는데 그 친구 덕분에 나는 중학생 때의 사진이 아직도 많다. 친구의 어머니께서는 아들을 얼마나 애지중지하시는지 어린 나이임에도 나는 한눈에 알아차렸다. 친구의 어머니는 나에게도 항상 친절하셨고 많은 것을 베풀어주시곤 했다.

　그런데 우리 집은 반대였다. 아버지는 공무원으로 박봉이셨고 고만고만한 7남매가 항상 범벅이 되어 빠듯이 지내는 살림이었다. 먹는 것도 재빨리 먹어 치우지 않으면 언제 뺏길지 모르니 그 친구의 집처럼 귀족적인 멋이란 전혀 없었다. 그래도 그 친구는 형, 누나, 동생이 다 있는 내가 제일 부럽다며 맛있는 것도 주지 못하는 우리 집에 와서 자주 놀곤 했다. 나는 마치 왕자처럼 살고 있는 그 녀석을 볼 때마다 '나는 왜 부잣집 외아들로 태어나지 않았을까?' 하는 아쉬운 생각을 혼자 하곤 했다. 그렇다고 이런 말을 부모님께 할 수도 없으니 '아! 이런 것이 바로 운명이란 것이구나, 산다는 것이 내 생각과는 이렇게 다르니 인생의 일이란 우연이로구나!' 이런 생각을 하곤 했다. 아마 많은 사람이 어렸을 때는 나와 비슷한 느낌을 경험했을 것이다.

나는 요즘은 가끔 '어르신'이라는 듣기 싫지 않은 호칭을 듣기도 하고 전철이나 버스를 타면 젊음 이가 어느새 슬며시 자리를 양보하기도 한다. 그런데 이제 내가 본의 아니게 지천명의 나이에 이르고 보니 인생의 모든 삶이란 우연히 아니라 필연이라는 생각이 자꾸만 든다. 우연이라는 말은 그저 남들 듣기 좋으라고 하는 우스갯소리이지 과연 어느 사람의 인생이 우연이란 말인가. 내가 살아온 지난 50여년의 세월을 돌이켜 보면 필연이 아닌 것은 하나도 없는 것 같다. 내가 전형적인 서민의 부모님을 모시고 태어난 것도 필연이요 칠 남매의 와글와글한 속에서 어린 시절을 살아온 것도 분명 필연이다. 또 내가 우연히 알게 된 것 같은 사랑하는 아내와의 만남도 천생연분의 필연이었고 그리고 귀여운 딸 아들 하나씩 둔 것도 분명 필연인 것이다.

그런데 만약 누군가가 나에게 그것이 어떻게 필연이었는지를 증명해 보라며 따진다면 사실 나는 아무 할 말이 없다. 그저 분명 그것은 나의 필연이었음을 나 혼자 믿을 뿐이다. 나의 부모형제, 가족 그리고 지난 50여 년을 살아오며 수 없이 비벼대고 고운 정 미운 정 다 든, 그 많은 사람들과의 인연을 어떻게 우연이라는 말로 쉽게 이야기 할 수 있단 말인가. 그런 것들이 다 우연이라고 웃으며 말해 버린다면 듣는 사람은 마치 영화 속의 이야기처럼 재미있을 것이다. 그러나 삶의 주인공이었던 나 자신은 얼마나 헤프고 우스운 사람이 되는 것인가. 그 동안 내가 세상 속에서 살아온 그 치열했던 순간순간의 삶이 단지 우연이었단 말인가. 그러니 사람은 나이를 먹을수록 인생의 모든 삶이란 필연이라고 생각하는가 보다.

우리는 인류발전에 절대적으로 기여한 위대한 과학자들의 업적마저도 마치 우연히 발견된 것처럼 쉽게 말하는 예가 많다. 퀴리 부인은 우연히 뜻하지 않았던 라듐을 발견하였고 뉴턴은 어느 날 나무에서 떨어지는 사과를 우연히 보고 만유인력의 법칙을 발견했다고 어린이들에게 동화이야기처럼 가르쳐 주곤 한다. 그런데 사실 그 위대한 발견은 우연이 아니라 그러한 발견을 하게 한 필연적인 노력의 과정이 있었기 때문인 것이다. 우리도 실험실에서 연구를 하다보면 처음에는 전혀 예상하지 못했던 엉뚱한 결과를 훌륭하게 얻는 경우가 많다. 그러한 결과는 놀던 중 우연히 얻은 것이 아니다. 이와 같이 앞뒤가 논리적으로 입증되는 과학세계에서의 우연 같은 결과도 모두 필연이었을 진데, 하물며 어디가 앞이고 어디가 뒤인지 오리 소리한 인생 삶의 구석구석의 일들은 분명 우연이 아니라 필연의 결과인 것이다. 세상에 모든 일이 사람이 원하는 대로 다 되는 것은 결코 아니지만, 그렇다고 사람이 가만히 있으면서 우연히 저절로 되는 일이 어디 있단 말인가!

불교에서는 모든 것을 업業으로 해석하곤 한다. 인생의 모든 것은 업을 통해 나타나고 업을 통해 사라진다고 한다. 생존하는 과정에서의 우리가 겪는 모든 일들은 우연이아니라 바로 전생의 내가 지은 습관의 에너지 즉 업에서 온다는 것이다. 기독교에서는 더욱 그러하다. 기독교를 믿는 사람들은 모든 것이 주님의 뜻이라고 말한다. 그러니 성공을 해도 주님 뜻이요 재수가 나빠서 망해도 주님의 뜻인 것이다. 우리가 보기에는 우연이지만 사실은 항상 우리를 보고 계시고 우리와 함께 계신다는 전지전능하신 하느님의 이미 계획된 뜻인 것이다. 이와 같이 뿌리 깊은 종교의 가르침에서만 보더라도 우리의 삶은 결코 우연이 아닌 필연이라는 사실을 인정할 수 있다.

그런데 나는 사실 필연보다는 우연이 훨씬 좋다. 우선 발음을 하기에도 필연이라고 말하려면 목에 힘부터 들어간다. 목구멍으로 잘 나오려 하지 않는 말을 억지로 끄집어내는 듯하다. 필연이라는 말은 듣기만 해도 공연히 나를 긴장시킨다. 그러나 우연이라는 말은 발음하기도 부드럽고 말도 아름답다. 아무 힘이 안 들고 술 넘어가듯 술술 넘어가서 좋다. 만약 사랑하는 나의 가족이 또는 친구가 뜻하지 않았던 어려운 일에 부딪쳐 고통을 받는다면, 나는 그들에게 '이 어려움은 필연이니 어쩔 수 없다'고 어찌 말할 수 있으랴. 설사 그것이 필연적일 수밖에 없었다 해도, 나는 '이번 일은 재수가 나빠서 우연히 생긴 일시적인 일이니 잊어버리면 된다'며 그들을 위로할 것이다.

우연! 이 말은 인간이 만들어 낸 가장 아름답고 지혜로운 언어 중의 하나이다. 만약 '우연'이란 말이 없었다면 우리의 삶은 얼마나 더 힘들고 무거웠을까. 우리는 인생의 그 많은 고통스러운 일들을 우연이라는 말로 잊어버리고 웃으며 또 내일을 향하는 것이다. 인생사에서 우연이니 필연이니를 따지는 것은 마치 동전의 앞뒤를 두고 이러니저러니 하는 것 아닐까? 삶은 생존을 위한 필연적인 과정임에도 우리 모두는 애매모호한 우연이란 표현에 웃음을 보이며 귀를 쫑긋 기울이는 것은, 우연이라는 해학적인 표현으로 잠시나마 삶의 무게를 벗어보려는 가냘픈 몸짓인 것이다. 이 더운 여름날 인생이 우연이니 필연이니 하며 각설하다보니 불현듯 우스꽝스럽게 생긴 광대의 모습이 떠오른다. 내면의 치열한 고독을 철저히 숨긴 채, 관객 앞에서 모든 것이 우연인 듯 끊임없이 웃어대는 광대! 역시 우리 인생은 세상이라는 무대 위에서 펼쳐지는 광대의 한판 연극임을 실감할 뿐이다.

(2001)

삶의 여정

　벌써 입추가 지나서인지 아침저녁으로 바람결이 전과 다르다. 찌는 듯한 열대야의 무더위도 이제는 옛이야기가 됐고 홑이불은 어느새 서늘한 느낌마저 든다. 얼마 후면 낙엽이 질 것이다. 그리고 지금 같아서는 올 것 같지 않은 매서운 추위도 분명 찾아 올 것이다. 절기의 변화를 보노라면 자연이 지나가는 그 길은 언제나 어김이 없다.

　이 세상에는 참으로 많은 생명체들이 함께 살고 있다. 그들의 모양과 살아가는 방법은 그야말로 천태만상이다. 그런데 그 모습을 가만히 보노라면, 모두가 이미 정해진 길을 걷고 있을 뿐이다. 태어나면 어미 품에서 어린 시절을 지내고 성장하여 성체가 되고 짝을 찾아 번식을 하고, 그러고 나면 결국은 사라지는 그런 정해진 삶의 길이 있는 것이다. 봄 여름 가을 겨울의 순환은 마치 생명이 태어나고 성장하고 번식하여 결실을 맺고, 그리고는 영원한 휴식으로 들어가는 삶의 여정과 같은 모습이다.

　자연의 모든 현상은 이미 정해진 길이 있어서인지 복잡한 듯 하면서도 아무런 혼돈스러움이 없다. 오히려 조화의 아름다움만 빛날 뿐이다. 자연은 결코 서로를 비교하지 않는, 진정 평화로운 평등의 세상인 것이다. 봄은 여름을 보고 내가 더 아름다운 계절이라고 뽐내지도 않으며 또 가을은 겨울을 보고 스스로가 더 풍요로운 계절이라고 자랑하지 않는다. 그저 봄은 봄대로 가을은 가을대로, 해야 할 역할을 하며 말없이 왔다가는 것이다.

자연 속에 사는 모든 생물들도 마찬가지다. 꽃은 꽃대로 나무는 나무대로 산짐승은 산짐승대로, 바로 그 타고 난 여여한 모습 그대로 일 뿐이다. 고등생물이니 하등생물이니 하는 것은 인간이 붙여 놓은 계급일 뿐, 그들에게는 아무런 의미가 없다.

사실 따지고 보면 사람의 경우도 다를 것이 하나도 없다. 그런데 유독 사람들은 서로의 우열을 가르며 잘 났니 못 났니 하는 용어를 즐긴다. 생존하기 위한 모든 삶의 여정은 나름대로 고귀하고 장엄한 것이다. 사람의 인생 길이 서로 유사한 경우는 있으나 완전히 동일한 경우는 없다. 어떻게 보면 나의 삶의 길은 나의 아버지의 경우와 가장 비슷했어야 할 것 같지만 그렇지 않지 않은가. 또 같은 형제임에도 각자의 삶의 길은 너무 다른 경우를 쉽게 볼 수 있지 않은가.

결국 모든 사람의 삶의 여정은 모두가 독립적이며 따라서 모두가 존엄한 것이다. 어느 사람의 삶이 타인을 위하여 또는 인류의 발전을 위하여 더 훌륭할 수는 있지만, 그렇다고 빛나는 업적이 없다고 해서 고귀하지 않은 삶이란 없는 것이다. 따라서 이미 세상을 떠난 분을 두고 그 분의 삶이 이랬느니 저랬느니 비난하는 모습은 항상 우리의 마음을 무겁게 한다.

나의 지난 세월을 돌이켜 보건데 참으로 어리석었던 일은 나의 삶의 길을 다른 사람과 자꾸 비교하려 했던 것이다. 그 결과 때로는 오만을 떨며 알게 모르게 주위 사람들을 불쾌하게 하기도 했고, 때로는 열등감 속에서 스스로에게 고통을 주었던 지난 날의 미숙함을 새삼 뒤돌아본다.

이 세상 모든 사람이 동시에 이룰 수 있는 행복하고 아름다운 삶은 어떤 모습일까? 또 그 길은 어디에 있을까? 분명한 것은, 가는 길을 모르는 사람이 목적지에 도달할 수는 없듯이, 우리는 아름다운 인생의 목적지로 가는 그 길을 정확히 알아야 하지 않는가.

자연 생태계의 모습을 곰곰이 살펴보면 우리가 찾고자 하는 유토피아 같은 아름다운 삶으로 인도하는 그 길이 보이는 듯하다. 아름다운 자연일수록 더욱 많은 생물이 함께 공존한다는 사실은 우리에게 그 길을 더욱 더 확실히 보여주고 있다. 자연이 한없이 아름답고 평화스러울 수 있는 이유는 그 속의 모든 생명들이 서로서로 남을 방해하지 않으면서 자신의 길을 독립적으로 살아가고 있음에 있다. 자연 생태계는 약육강식이 치열한 세계인 것 같지만 근본적으로 경쟁보다는 공동 진화를 위한 협동체계로 이루어져 있다. 그렇다. 자연의 생태계와 같이 남을 방해하지 않는 것이 남을 돕는 근본인 것이다. 또 자신의 독립적인 삶의 길을 그 어느 누구와도 비교하지 않으며 흔들림 없이 꾸준히 가는 것이야 말로 모두가 동시에 아름다운 삶에 이를 수 있는 확실한 길인 것이다. 바로 이러한 모습이 불교에서 가르치는 '세계일화世界一花'가 아닌가!

요즘 우리 사회는 너무나 분별을 즐긴다. 그러나 이 분별의 대부분은 허구를 위한 분별일 뿐이다. 진정한 내가 있어야 할 자리에 온갖 잡것으로 합성된 국적 불명의 가짜 내가 들어 앉아 서로들 떼거지만 쓰고 있다. 모든 사람 그대로의 여여한 삶의 모습이 참된 것임에도, 우리는 다른 사람의 삶을 기웃거리며 스스로를 혼란스럽게 만들고 있다.

퇴계는 사람 나이 오십이 되면 노욕을 조심해야 한다고 가르치셨다. 이 노욕이란 나이가 들도록 자신의 길을 보지 못하고 다른 사람의 삶을 기웃거리며 혹시나 얻을 것이 없나 하는 바로 그 어리석은 욕심인 것이다.

이제는 나 역시 지천명의 나이가 훨씬 지나서인지 퇴계 선생의 말씀을 곰곰이 새겨보곤 한다. 그리고 살아온 지난 세월을 돌아보기도 하고 앞으로의 남은 여정을 셈해 보기도 한다. 지난 세월을 생각하면 심산유곡의 폭포수처럼 순식간에 흐른 것만 같은데, 앞으로의 세월은 생각하기도 전에 마음부터 바빠진다. 나이가 들면 들수록 힘은 떨어지고 세월은 더욱 빨리 흐르는 법, 어찌 이 일 저 일에 한눈을 팔며 노욕을 부리겠는가! 그저 욕심을 내 본다면 하던 일 끝까지 할 수 있고, 남은 세월이 나만을 위한 것이 아니라 남의 눈물도 닦아 줄 수 있는 그런 세월이 되었으면 할 뿐이다.

(2002)

아버지

며칠 전 말복 저녁 나는 불현듯 보신탕이 생각났다. 그날따라 왠지 기름기 배어든 뚝배기에 잘잘 넘치게 담긴 한 그릇의 보신탕이 삼삼했다. 특별히 깔끔하지도 그렇다고 지저분하지도 않은, 시골 냄새가 풍기는 시장 터 주변의 보신탕집을 찾아가고 싶었다.

그때 나는 가족과 함께 경주에서 부산으로 돌아오려는 참이었다. 갑자기 보신탕 한 그릇 하자는 내 말에 모두 아무 대답이 없었다. 나는 고속도로 입구를 향하다 말고 내 마음대로 경주역 쪽으로 차를 몰았다. 분명 역전 부근에는 보신탕집이 있을 것으로 생각했다. 천천히 차를 몰며 역 앞의 시장 통 좌우를 열심히 살폈다. 그러나 평소에는 이곳저곳에 흔하던 그 집이 그날따라 보이지 않았다. 고개를 빼고 좌우를 휘둥대며 살피는 내 모습이 딱해 보였던지 "그것을 꼭 먹어야만 하느냐"는 아내의 말에 멋쩍어 하며 단념하고 말았다. 결국은 가족의 의견에 따라 돌솥밥으로 저녁을 해결하고 돌아오긴 했지만 그날은 그리움과 섭섭함이 뒤섞인 묘한 저녁이었다.

나는 평소 보신탕을 즐기는 사람이 결코 아니다. 그저 친구들이 함께 가자 하면 '못 먹는다'는 등 '싫다'는 등 하기 싫어서 함께 어울릴 뿐이다. 그런데 그날 저녁은 내가 먼저 먹고 싶은 마음에 내켜 하지 않는 가족을 억지로 데리고 가려 했던 이상한 날이었다.

아버지가 돌아가신 지는 벌써 20년이 지났다. 내 나이가 벌써 아버지 돌아가셨을 때의 연세에 점점 가까워져서 일까, 나는 요즘 문득 문득 살아생전의 아버지 모습이 떠오른다. 꿈에서 아버지를 뵙는 일은 거의 없었는데 요즘은 꿈속에서도 뵙곤 한다. 사실 나는 지난 20여 년 한 번도 빠지지 않고 경건한 마음으로 아버지 제사를 드리긴 했어도, 살아생전 아무 말씀 없이 가족을 위해서 애쓰신 아버지의 노고와 사랑에 대해서는 절절한 마음을 별로 느끼지 못하며 살아왔음이 솔직한 고백이다. 아버지가 일찍이 돌아가셔서일까? 아니면 내가 효를 모르는 부족한 자식이었기 때문일까? 나는 평소 아버지란 모름지기 권위를 갖고 가정을 책임지는 가장이어야 한다는 생각뿐이었지, 가족을 위한 아버지의 노고와 희생 그리고 고뇌에 대해서는 별로 생각하지 못해 왔다. 나 역시 자녀들을 키우면서 때로는 걱정도 하고 애도 쓰지만, 그것이 아버지로서의 희생이라거나 또는 큰 수고라거나 하는 생각은 한 번도 해 본 기억이 없다. 그저 아버지의 수고는 당연한 것으로만 생각했을 뿐이다.

내가 어렸을 때의 삼복더위는 지금보다 훨씬 더 무더웠던 것 같다. 실제로는 요즘이 옛날보다 더 덥지만 곳곳에 에어컨이 잘 갖추어져서인지 옛날의 더위가 훨씬 더 심했던 것만 같다. 나는 어린 시절 아버지에 대한 잊혀 지지 않는 추억이 있다. 아버지는 복날이면 누이들은 놓아두고 형과 나만을 데리고 보신탕집을 가시곤 했다. 주머니 형편이 넉넉하지 않아서 누이들은 집에 두셨는지, 또는 딸들에게는 보신탕이 안 어울린다고 생각하셔서였는지, 아니면 아들이 딸보다 더 잘 먹어야 한다고 생각하셔서였는지는 아직도 모를 일이지만, 하여튼 아버지는 매년 여름 우리만을 데리고 가셨다. 지금의 기억으로 그 집은 시장 통 안의 작은 식당이었다. 입구에는 붉은 가로 천에 흰 글씨로 '보신탕'이라고 적힌 깃발이 바람에 펄럭였고 항상 많은 어른들이 붐볐던 생각이 난다. 무서워 보이진 않았지만 그렇다고 상냥하게 느껴지지도 않던 덤덤한 아주머니가 아무 말 없이 식탁 위에 뚝배기를 놓고 가면, 나는 아버지와 마주 앉아 이마를 맞대고 땀을 줄줄 흘리며 탕을 먹곤 했다. 아버지는 탕을 드시면서도 계속 부채를 부쳐주셨고 또 허리에 차신 수건으로 우리 얼굴의 땀을 닦아 주시곤 하셨다.

지난 말복 저녁 나는 아버지 생전의 모습이 불현듯 떠올랐다. 그날이 마침 복날이어서 그랬을까? 나는 아버지와 마주앉아 함께 먹던 시장 통 보신탕집 기억이 마치 엊그제의 일처럼 생생했다. 마침 방학이라 오랜만에 집에 온 자녀들과 함께 얼굴의 땀 닦아주며 먹던 그런 보신탕집을 찾아가고만 싶었다. 그러나 아내와 자녀들의 생각은 나와는 달랐다. 아마 내가 구구히 설명을 했다해도 가족들은 내 기분을 이해하기 어려웠을 것이다. 그래도 보신탕집을 가자는 나를 정면으로 반박하지 않고 시장 통까지 말없이 와주었으니 나는 그저 그것으로 만족해야만 했다.

그날 저녁 나는 가정에서의 아버지란 과연 어떤 존재인가에 대해 새삼스러운 생각이 들었다. 아버지란 가정에서 필요한 모든 것을 공급하는 공급자인 것 같기도 했고, 또 가자는 대로 무거운 짐을 지고 운반하는 짐꾼 같기도 했다. 그렇다. 가정에서의 아버지란 가장이라는 화려한 권위 뒤에 숨어 있는 희생과 노고를 말없이 홀로 감당해야 하는 바로 그 장본인인 것이다. 갑자기 훌륭한 아버지들의 모습에서 어딘지 가엾은 듯한 느낌이 들었다. 그러나 그날 저녁의 이러한 감정은 단순히 내 마음이 약해져서도 아니었고 또 먹고 살기 힘든 세상 탓 때문만도 아닌 것 같았다.

나는 아버지와 나와의 지난 세월을 새삼 반추해 보았다. 사실 따지고 보면 나는 아버지를 가장 잘 이해했어야 할 아들이었지만 아버지 생전에는 물론, 돌아가신 지 20여년이 지나도록 아버지의 희생과 고뇌에 대해서는 별로 느껴 본 바가 없지 않은가. 또 내 속을 제일 먼저 눈치 채고 나를 가장 많이 닮아야 할 내 자식들 역시, 내 속마음과는 먼 거리에 있을 때가 많음을 나 스스로도 잘 알고 있지 않은가. 서로가 가장 잘 알고 일치해야 할 부자지간이지만 그 삶의 섬세한 부분에서는 서로의 느낌이 마치 평행선 같으니 아버지의 희생과 쓸쓸한 고뇌를 그 누가 알 수 있단 말인가.

요즘 우리 주변을 보면 가정과 자식을 위해서 온 몸을 다 바치는 가시고기 같은 아버지들이 많다. 매우 훌륭하게 보인다. 그런데 자식을 어른으로 다 키우고 난 후에도 자식 걱정과 돌보기에 끊임없이 희생하는 늙은 아버지들의 모습은 왠지 우리 마음을 무겁게 한다. 저 나이가 되도록 자식의 굴레로부터 해방되지 못한 듯하여 그 늙은 모습이 더더욱 가련해 보인다. 자식은 전생의 원수였기에 부모는 죽을 때까지 자식을 위해서 희생한다는 불교의 설명이 납득은 된다. 그러나 나이가 들면 모든 것으로부터 자유로워져야 할 때가 아닌가! 인도에서는 자녀를 키우고 난 후 나이가 들면 자신의 영혼을 위해 가족을 떠나 홀로 수도자 생활을 하는 전통이 있다고 한다. 인도 사람들이 매우 가난하게 산다고는 하나 이러한 그들의 삶이야말로 우리가 따라야 할 멋진 스승의 모습인 것이다.

(2002)

군대 간 아들

　어느 나라든지 나름대로의 군대 문화가 있지만 우리나라의 군대 문화는 분명 특별한 데가 있다. 오랜 기간 군사 독재와 분단된 국가 현실 때문일 것이다. 우리나라에서의 군대 이야기는 남자 세계에서 자주 회자되는 것 중의 하나이다. 나이가 지긋이 든 남자들끼리도 어쩌다 군대 이야기만 나오면, 몇 십 년 전의 이야기 임에도 불구하고 마치 엊그제의 이야기 인 듯, 모두가 한 마디 씩 거들곤 한다. 신나게 떠드는 그 내용을 가만히 들어보면, '나는 어디에서 군 생활을 했는데, 정말 죽을 고생을 했다' 는 이야기 뿐이다. 고생한 추억은 별로 기억하고 싶지 않은 법인데, 군대 이야기는 조금 특별하다. 고생이 무슨 훈장이라도 되는 듯이 신나서 떠들어 대니 말이다.

　사실 그 고생담의 이야기는 이성적으로 납득할 수 없는 횡설수설 같은 그런 이야기가 대부분이다. 왜냐 하면 지긋지긋 했다던 군대 이야기 끝의 결론은 항상 '남자는 군대를 갖다 와야 사람이 된 다' 는, 앞뒤가 전혀 맞지 않는 요지경 같은 이야기이기 때문이다. 대담한 쌍말도 섞어가며 "군대는 얻어맞고 터지고 하는 별난 세상"이라면서도, "남자는 군대를 갖다 와야 사람이 된다"고 역설하니, 이는 대단한 모순어록이 아닐 수 없다.

지난해 우리 집 아들 녀석도 휴학을 하고 육군에 입대했다. 오래 전 나 역시 졸병으로 만기 제대를 했었고, 매 학기 마다 제대를 하고 복학하는 학생들을 항상 보아 오니, 아들 녀석의 입대는 특별한 느낌을 줄 아무 이유가 없다. 그런데 막상 내 자식이 군대 간다 하니, 처음에는 내 경험에 비추어 볼 때, 이런 저런 걱정도 되고, 또 아들 녀석이 보고 싶을 때는 어쩌나 하는, 그리운 생각도 떠오르는 것 아닌가. 남의 집 자식들은 금방 제대하던데 아들 녀석의 신병훈련기간은 생각보다 긴 것처럼 느껴지니, 부모 마음이란 다 그런 것이기 때문인가 보다. 그런데 나 자신의 솔직한 느낌은 이러면서도, 군대간 아들을 조금은 불안 해 하는 아내에게는 전혀 딴 사람처럼 '그 녀석은 군대 가서 고생 실컷 하고, 사람 좀 되어야 해!' 하며 엉뚱하게 말하는 것이다. 내가 생각해 봐도 나 자신 앞뒤가 맞지 않는 모순된 모습이다.

옛날 군대에서의 흔한 쌍말로 'xxx는 불어도 세월은 간다' 더니, 아들 녀석은 벌써 휴가를 나왔다. 제법 큰 소리로 인사도 잘 하고, 아침에 보니 이미 일어나 요와 이불을 단정히 개어 놓았다. 예전 같았으면 해가 서쪽에서 떴을 일이다. '역시, 군대 가길 잘 했구나' 하는 생각이 또 드는 것이다.

아침 식사 후, 나는 우연하게 아들 녀석 방의 책상에 펼쳐진 지갑에서 한 장의 명함을 보게 되었다. '졸병 녀석이 무슨 명함을?' 하는 궁금한 생각에 지갑속의 명함을 자세히 보니, 뜻밖의 명함이었다. '○○○ 지원부대 단장, 육군 대령 김 아무개' 라 되어 있고, 밑에는 Tel, Fax, E-mail 주소가 큼직하게 적혀 있었다. 졸병 녀석이 어떻게 육군 대령 명함을 갖고 다닐까? 지난번 면회 갔을 때, 장교들이 자기에게 와서 색소폰 연주 레슨을 받고 간다더니, '혹시 이 사람이 그 사람인가?' 하는 생각이 들면서 더 궁금했다. 나는 지갑에서 명함을 꺼내 그 이면을 보았다. 그런데 그 명함 뒤에는 더욱 놀라운 문구가 인쇄되어 있지 않은가. "장병 여러분의 고충을 확실하게 해결하는 단장이 될 것을 굳게 약속 합니다. 본인이나 주변 장병이 어려운 문제가 있으면 바로 연락하기 바랍니다".

명함의 뒷면을 보고나니 갑자기 머릿속이 혼란스럽다. '희한한 군대네' 하는 생각도 들고 못 볼 것을 본 것 같기도 하고, 군대생활을 하는 아들 녀석이 새삼 걱정스러워 지기도 하는 묘한 감정이 뒤엉킨 기분이었다. '요즈음 군대는 많이 변했다 하더니, 좋아진 게 아니라, 문제가 많아도 보통 많은 게 아니구나' 하는 걱정이 앞서는 것이다.

나의 군대 경험으로는 군대란 일반사회와는 분명 다른 특수한 집단임이 확실하다. 마음에 안 들어도 무조건 참고 견뎌내야 그것이 미덕이며, 그런 모순 속에서도 나름대로의 진리를 배우고 삶을 배우는 곳이다. 그런데 조금만 어려운 일이 있어도 망설이지 말고 바로 연락하라며 지휘관 대령이 졸병에게 명함을 돌리는 군대라니! 한마디로 어이가 없다. 말 그대로 이것은 도대체 어느 나라 군대란 말인가? 나의 군대 경험으로는 도저히 납득이 안 간다. 요즈음 신세대 졸병들을 교육시키기가 얼마나 어렵고 난감했기에 군대에서는 이런 방법을 선택했을까? 분명, 대한민국 육군이 이렇게 우스운 군대는 절대 아닌데, 생각할수록 모를 일이었다.

며칠 후 녀석은 다시 군복으로 갈아입고 귀대했다. 그곳이 재미있다는 표정도 아니고, 그렇다고 싫다는 표정도 아닌, 그저 묵묵한 모습으로 시외버스를 타고 혼자 떠났다. 아내와 함께 말없이 떠나는 녀석의 뒷모습을 보니, 삼십 여 년 전, 내가 첫 휴가를 마치고 귀대할 때의 메마르고 덤덤했던 추억들이 마치 엊그제의 일처럼 뇌리를 스친다.

아무리 요즈음 군대가 좋아졌다 해도, 자유분방한 신세대들이 군대생활에 잘 적응하며 지내기란 분명 많은 인내를 요구할 것이다. '어떤 면에서는 옛날 우리 때의 군대생활보다 더 어려울 수도 있겠다' 하는 생각이 들고, 지휘관들이 심사숙고 끝에 사병들에게 명함을 돌린 그 결정에도 충분한 공감이 가는 것이다.

돌연, '나는 과연 그 동안 하나 밖에 없는 아들 녀석에게 어떠한 아버지였었나?' 하는 생각이 드는 것이다. 나는 언제 아들에게 '어려움이 있으면 언제든지 말해라, 너의 고충을 확실하게 해결해 주는 아버지가 될 것은 약속한다' 와 같은 뜨거운 마음의 표현을 한 적이 있는가? 옛날 내가 자랄 때의 어려웠던 이야기만 교과서처럼 늘어놓았지, 아들 녀석의 어려움을 이해하려고 눈높이를 같이 하며 진심으로 노력한 적은 과연 얼마나 있었는가?

어떤 면에서 보면, 가정에서 아버지가 자식을 대하는 방법이, 군대에서 지휘관이 사병을 대하는 방법보다도 훨씬 더 거칠고 일방적인 경우도 있는 것만 같아 마음이 무거워 진다. 집으로 돌아와 보니, 떠난 아들 녀석의 빈 방은 왜 그리도 썰렁하게 보였는지? 분명, 한 장의 명함 때문만은 아니었을 것이다.

(2005)

제수祭需 이야기

　몇 해 전 추석 연휴를 경주에서 지낼 때의 일이었다. 명절이 되면 평상시 한가했던 재래시장은 정말로 볼거리가 넘친다. 도시인들은 보통 백화점이나 마트에서 제수물품을 구입하지만, 작은 도시에 사는 사람들은 여전히 재래시장이 더 친근하다. 재래시장이 때로는 지저분하고 또 주차할 수 있는 공간이 없어 불편함이 많긴 하지만, 그래도 역시 재래시장을 가야 소박한 인정도 느끼고 때로는 삶의 진면목을 보기도 한다. 도시생활에서 무감각하게 넘어가는 작은 일들이 재래시장에서는 때로 깊은 묵상의 재료로 새삼 떠오르곤 한다. 그래서인지 나는 어디를 가다가도 재래시장이 있으면 반가운 마음에 잠시 멈춰가곤 한다.

　그날은 추석 전이라 경주 역 앞에 있는 성동시장은 제수를 마련하기 위한 사람들로 통행이 어려울 정도로 북새통이었다. 평소 사람이 별로 붐비지 않는 어물전은 명절이 되면 가장 붐비는 곳이 된다. 바구니를 든 아낙네들은 제수로 쓸 물 좋은 생선을 찾으려고 어물전을 두리번거린다. 생선을 뒤집어 보기도 하고, 손가락으로 꾹꾹

눌러 보기도 하고, 또 어떤 아낙네는 아가미를 들춰보기도 하며 모두 진지하다. 조상님의 상 위에 차려드리는 음식은 역시 정성이어야만 한다는 말은 생선을 고르는 아낙네들의 얼굴 표정만 보아도 쉽게 알 수 있다.

나는 하는 일이 바다생물인지라 평소에도 어물전을 기웃거리는 취미는 어제 오늘의 이야기가 아니다. 그날도 나는 어물전부터 둘러보는데 평소에 보지 못한 새로운 광경을 보게 되어 흥미로웠다. 어물전의 좌판마다 시커먼 껍질에 피가 흐를 듯한 붉은 고기 덩어리가 두부 모판 쌓아 놓듯 수북이 쌓여 있지 않은가. 또 지나는 아낙네들이 모두 그것을 한 두덩어리씩 사가고 있지 않은가. 어물전이 확실하니 분명 육고기를 파는 것은 아닐 텐데, 머리 꼬리 지느러미 없이 살덩어리만 잘라 놓았으니 그것이 무슨 고기인지 알기 어려웠다. 명색이 수산생물을 전공한다는 교수가 어물전에서 모든 아낙들이 사가는 그 고기가 무엇인지 모르겠으니 창피하기도 하지만 보통 궁금한 것이 아니었다. 정신없이 물건을 파는 어물전 아주머니에게 시치미 뚝 떼고 말을 붙였다. "아주머니, 이게 무엇입니까?" 아주머니는 귀찮다는 듯, "산적 아닌교"한다. 산적이라니? 어류도감에서도 산적이란 고기를 본 예가 없는데… 나는 무엇을 잘못 들은 것 아닌가 하는 생각에 또다시 염치 불구하고 정신없는 아주머니에게 "산적이 무슨 고기 입니까?"하고 물으니, 아주머니는 짜증스러운 표정을 지으며 "아따 이 양반 생선을 하나도 모르네! 산적하는 고기 아닌교!"하고 핀잔을 주는 것이다. 그 말을 듣고 보니 제사상에 오르는 산적을 하기 위한 생선임을 알 수 있었지만, 또 다시 무슨 고기냐고 물었다간 많은 아낙네들 앞에서 망신만 당할 것 같아서 슬그머니 발걸음을 돌렸다.

조금 더 위로 올라가다보니 마음씨 좋아 보이는 중년의 남자가 바로 그 '산적'을 수북이 쌓아놓고 팔기에 다시 물으니 상어라고 답하는 것 아닌가. 그 말을 듣고 보니 두꺼운 검은 껍질과 피가 흐를 듯한 붉은 살코기를 쌓아놓은 것이 상어였음을 비로소 알 수 있었다. 우리집안에서도 제사상에 산적을 올리지만 우리는 소고기로 하지 생선으로는 하지 않는다. 제사상에 오르는 생선은 북어포와 조기 그리고 생선전을 부쳐 놓을 뿐이다. 그날 나는 경북연안의 지역에서는 제사상에 소고기 대신 상어로 만든 산적을 올리는 것을 처음으로 알았다.

우리나라의 각 지방마다 제수용으로 사용되는 수산물의 종류를 살펴보면 흥미롭다. 제사상에 올리는 식품은 주로 조상님들이 살아 생전에 즐겨 드시던 것이다. 그러니 각 지역마다 제수용 수산물은 그 지역에서 가장 많이 어획되고 소비되었던 대표적인 수산물임이 당연하다. 서울지방은 바다가 없으니 주로 인천을 통해 들어오는 조기와 말려서 보관이 가능한 북어가 대표적인 제수용품이 되는 것이다. 또 경북연안은 동해안의 상어가 많이 잡히는 곳이다 보니 경주, 울산, 포항지역에서는 상어로 산적을 하는 것이다. 통영이나 제주에서는 다른 지방에서는 구하기 어려운 전복이 많이 났기 때문에 제사상에 요즘도 값비싼 전복을 올리고, 부산과 같은 대도시의 서민들은 군소, 홍합 등 비교적 값싼 수산물을 많이 애용했기 때문에 아직도 제사상에 이들이 빠지지 않는 것이다.

또 재미있는 것은 순천이나 여수지방의 경우, 다른 지방에서는 제사상에 올리지 않는 고막 조개를 필수적으로 올리는데, 이는 순천만이 우리나라 고막의 주 산지이기 때문이다. 집에서 차례를 지내고 나면 제사상에 올렸던 식품과 술을 대충 싸들고 성묘를 가는데, 산소에서 음복하고 난 후 들고 온 고막은 안주감으로 그만이다. 껍데기는 먹을 수 없으니 살점만 빼먹고 휙 집어 던지기 마련이다. 그런데 오랜만에 산소를 찾는 후손들에게는 때로 조상의 산소를 찾지 못해 헤매는 경우가 종종 있다. 이때에 고막 껍데기는 매우 중요한 정보를 제공한다. 즉 여러 산소가운데에서 고막 껍데기가 보이지 않는 곳의 산소가 바로 오랜 기간 후손이 찾아오지 않은 산소이기 때문이다. 그러니 이 지역 사람들은 산소를 가면 '효성스러운 우리 집안 후손들은 이미 다녀갔소' 하는 것을 은연 중에 나타내기 위해, 먹고 남은 고막 껍데기를 일부러 산소 주위에 흩뜨리고 간다 하니, 고막은 이런 저런 역할을 하는 훌륭한 제수용품임이 확실하다. 이와 같이 우리의 문화 속에는 수산식품과 관련된 것들이 많다. 그러니 우리나라 연안의 수산자원을 보호하고 관리하는 것은 단순한 먹거리의 차원을 넘어, 우리의 정신적 문화와 정체성의 토대를 지키는 것이기도 하다.

올해는 윤달이 끼어 추석이 비교적 늦은 편이다. 추석 때가 되면 늘 제수용품 구입비가 만만치 않다는 보도가 나오고, 특히 경제가 어려울 때는 분위기가 더욱 무겁다. 그러나 제사상에 올리는 제수는 비싼 것 싼 것이 문제가 아니라, 조상께서 살아생전 즐겨 드시던 것을 각자의 분수에 맞게 정성껏 올리면 되는 것이다.

지난해 여름에 돌아가신 어머니께서는 살아생전에 유달리 거친 음식을 즐기셨다. 하기야 어려웠던 시절 칠남매를 낳고 기르셨으니 언제 한번 기름진 음식을 당신 입으로 직접 넣을 수 있으셨겠는가. 어머니께서는 고기도 별로였고, 내가 좋아하는 생선은 더욱 더 별로였다. 그저 있으면 조금 드시고 없으면 생전 찾는 법이 없으셨다. 그저 여름이면 상추쌈을 제일 좋아하셨고, 겨울이면 뜨끈뜨끈한 팥죽을 무척이나 좋아 하셨다.

그런데 이상한 것은, 지난해 여름 그 삼복더위 속에도 어머니는 팥죽이 제일 먹고 싶다 하셨다. 그래서 집사람은 땀을 흘리며 때 아닌 동지 팥죽을 한 솥 끓여야만 했다. 연 이틀을 계속 팥죽만 드셨는데, 다 드시고 나서 집 사람은 "어머니 아직도 팥죽 더 드시고 싶으세요?"하고 물으니, 어머니는 빙긋이 웃으시며 "한 번 더 먹었으면 좋겠는데… 또 끓이라 하기가 미안해서…"라며 말씀 끝을 흐리시는 것 아닌가! 결국 그날 어머니는 시장에서 사온 팥죽을 한 번 더 맛있게 드셨다. 그리고는 그렇게 잘 드시던 음식을 입맛이 없다 하시더니 한 달도 못 되어 돌아가셨다. 지나고 보니 지난해 여름 어머니가 그토록 팥죽이 드시고 싶었던 것은 아마도 겨울이 오기 전에 당신이 돌아가실 것을 미리 아시고, 겨울이면 좋아하시던 그 팥죽을 마지막으로 즐기고 싶으셨기 때문이리라.

오는 10월 추석 아침에는 나도 어머니 사진을 다시 꺼내놓고 차례상을 차릴 것이다. 어머니가 특별히 즐기시던 기름진 음식은 생각나지 않으니, 그저 상 한쪽에는 커다란 소쿠리에 적상추를 수북이 놓고, 또 한쪽에는 그토록 즐기셨던 동지팥죽을 한 그릇 가득히 떠 올리리라. 그러면 어머니는 분명 살아생전 하시던 말씀 그대로, "애비야, 어디서 이렇게 연한 상추쌈을 뜯어왔냐? 그리고, 에미야, 이 더위에 어떻게 이렇게 맛있는 팥죽을 쑤었냐?"하시며 기쁜 얼굴로 우리를 보시리라.

(2006)

건망증과 타협하기

　'건망증' 하면 누구나 다 잊지 못할 우스꽝스러운 경험담이 한두 가지 있기 마련이다. 가스 불이나 현관문을 분명 잠그었는데 꼭 안 잠 군것만 같아, 다시 올라가 확인하는 그런 경험은 흔한 이야기이다. 조금 더한 이야기로는 무선 전화기를 TV 리모컨으로 알고 아무리 눌러도 TV가 켜지지 않더라는 이야기도 있다. 조금 더 심한 이야기로는 모자를 머리에 쓰고서도 모자를 찾아 휘둥거리는 사람 이야기며, 또는 아기를 등에 업고서도 내 아기가 어디 있느냐고 울먹이며 헤매는 정신 나간 엄마 이야기는 한심하다 못해 폭소를 자아내기도 한다.

　만약 사람이 머릿속에 모든 것을 잊지 못하고 기억하며 살아야 한다면 이는 얼마나 고통스러운 모습일까? 우리는 다행히도 잊어버릴 수 있음을 신께 감사해야 하는지도 모른다. 우리의 뇌도 때로는 휴식이 필요할 터이니, 가끔씩은 이렇게 본의 아니게 잊어버리도록 신께서는 우리를 만드셨나 보다. 그러나 우리는 특히 머리에 먹물 들어간 사람일수록, 순간적으로 깜빡깜빡하는 건망증을 겪을 때마다 스스로의 지적 능력에 회의감을 느끼며 자존심을 상하곤 한다.

나는 성격이 그렇게 덜렁덜렁대는 편은 아닌 것 같은데, 나 역시 손에 땀을 쥐게 하는 건망증의 경험이 있다. 학창시절의 경험이다. 한번은 한 달간의 생활비와 장학금을 은행에서 찾아 모두 작은 손가방에 넣고 신나게 자전거를 타고 기숙사로 돌아가던 중이었다. 그런데 갑자기, 오랜만에 시내에 나왔고 또 돈도 두둑하니, 그 당시 볼만하다고 소문났던 영화 한 편을 보고 싶은 생각이 들었다. 오늘이 기회인가보다 싶어 자전거를 영화관 쪽으로 몰았다. 표를 사서 느긋한 마음으로 좌석에 앉아 팝콘을 먹으며 영화가 시작되기를 기다리는데, 돌연 손가방이 보이지 않지 않는가! 의자 좌우를 둘러봐도 없고, 의자 밑으로 떨어졌나 싶어 고개를 빼고 밑을 살펴보아도 손가방은 보이지 않았다. 큰일이다 싶어 의자에서 일어나 엉덩이 쪽을 뒤돌아보아도 없지 않는가. 순간, 자전거 손잡이에 손가방을 걸어 둔 체, 영화관에 들어와 앉아 있음을 알아채곤 얼마나 황급히 뛰쳐나갔던지! 다행히 손가방은 자전거에 얌전히 매달려 있을 때의 가슴 뛰던 안도감을 경험한 일이 있다.

또 한 번은 언젠가 학회 참석차 유럽으로 출국 할 때의 일이었다. 요즈음은 해외여행이 보편화 되어 특별히 신경 쓸 일이 아니지만, 그 당시 20여 년 전만 해도 요즘 같지 않았다. 출국하려만 우선은 공무국외출국으로 교육부의 허가를 받아야 했고, 반공 교육, 예비군문제 등으로도 신고해야만 했다. 일반적으로 출국할 때는 이런저런 일로 다소 긴장도 되고, 중요한 서류와 챙겨야 할 물건이며 이곳저곳의 허락도 받아야 하니, 어쩌다보면 한두 가지 빠져서 나름대로 곤욕을 치루기도 했던 시절이었다. 특히, 그 당시 출국 심사대를 통과할 때는 마치 스파이 영화 속의 출국 심사 장면 같이, 눈을 마주하고 싶지 않은 냉혹한 인상의 사나이에게 서류를 제출하고 다시 되받아야 하는, 결코 유쾌하지 않은 짧은 긴장감을 격어야만 했다. 그 당시의 해외여행이란 말 그대로 비행기를 타봐야 가나보다 했던 그런 우울한 시절이기도 했다.

　그 당시 나는 분명 모든 것을 다 잘 챙겨서, 이것은 속주머니 왼쪽에 저것은 오른쪽에 넣고 기다리고 있었다. 그런데 막상 출국수속을 하라는 안내 방송을 듣고 비행기 표를 찾으니 속주머니에 간직했던 표가 없지 않은가! 주머니란 주머니는 다 확인하고, 또 가방의 지퍼마다 다 열고 확인했지만 어디에 두었는지 도저히 기억이 나지 않는다. 사람들은 이미 공항 안으로 들어갔고 방송에서는 빨리 수속을 밟으라고 하는데 비행기 표를 찾지 못하고 있으니 말 그대로 여우에 홀린 상태였다. 손에서는 땀이 나고 머리는 쥐가 날 것만 같은 상황이었다. 가만히 생각해보니 공중전화를 사용한 일 말고는 특별한 게 없었다. 급히 전화박스에 가보니 비행기 표는 얌전하게 그곳 전화기 위에 놓여 있는 것이 아닌가! 전화를 건다고 속주머니의 작은 수첩을 꺼내면서 비행기 표를 전화기 위에 올려놓고 깜빡하고 나온 것이었다. 순간 지옥과 같은 위기는 모면했지만, 내가 이렇게 정신이 없었나 하는 자괴감에 얼마나 기분이 씁쓸했던지. 그 때의 절박했던 생각을 하면 아직도 쓴 웃음이 나온다.

　그 후로도 나는 크고 작은 많은 건망증 사건을 겪고 있다. 요즈음은 아내로부터 "화장실 전기 불 또 안 껐다", "샤워기 수도꼭지 꽉 안 잠구었다"는 등의 핀잔을 종종 듣는데 이런 것도 다 나의 건망증이 원인인 것이다. 이런 일을 겪을 때마다 나는 건망증의 원인이 무엇인지, 또 내가 잘못 한 것이 무엇인지를 생각하곤 한다. 나는 분명 고의로 잊어버리려는 생각이 추호에도 없었고 그냥 저절로 잊어버린 것 뿐인데, 모든 것이 다 나의 잘못이라고만 탓해야 하나? 사실 건망증은 동서고금 남녀노소 모두에게 다 있는 일이다. 생각해보면 건망증은 주로 집중력이 떨어지거나 또는 크게 긴장할 때 더욱 그런 것 같다. 정신을 똑바로 차리지 않은 것은 분명 나의 과오라 할 수 있지만, 그렇다고 어찌 사람이 매 순간을 정신만 똑바로 차리고 살 수 있단 말인가?

불연 듯 몇 년 전 베스트셀러였던 미취 엘봄의 『모리와 함께 한 화요일』이라는 책이 생각난다. 모리는 죽기 전, 인생담의 충고를 청한 제자에게 말하길 "사람이 살다가 자기 생각처럼 잘 안 되곤 할 때, 우리는 자기 스스로와도 타협할 줄 알아야 한다"는 지혜로운 충고를 하지 않았던가! 건망증도 그런 것 아닐까? 깜빡깜빡 했다고 '내 정신이 왜 이래?' 하며 쓸쓸해하기 보다는, '나도 모르게 깜빡 했구나' 하며 너그럽게 자신과 타협하는 지혜도 복잡한 현대를 사는 우리가 갖추어야 덕목은 아닐지.

낙엽 지는 가을날, 이렇게 한발 물러나 생각하니, 추색秋色은 더욱 따듯하고 아름다운 것이다.

(2005)

착각은 자연스러운 것

사람 사는 세상사에는 의외로 착각이 많다. 어떻게 보면 평범한 사람들의 인생은 착각의 연속인지도 모른다. 국어사전을 보면 '착각'이란 "혼동하여 사물의 본질을 옳게 보지 못함"이라고 설명하고 있다. 결국 착각이란 무지에서 발생한 것이라 할 수 있다. 불교에서는 무지를 가장 큰 죄로 보며, 진정한 깨달음 즉 정각을 위해서 치열한 수행을 한다.

어느 사람인들 실체가 무엇인지 정확히 깨닫지 못하고 어리석음의 착각 속을 헤매고 싶으랴마는, 평범한 우리네들은 지나고 나서야 부질없었던 착각이었음을 깨닫는 경우가 너무 많다. 나의 경우 지난 세월을 돌이켜 보면 착각은 주로 자아가 형성되면서부터 시작된 것 같다. 어렸을 때는 순수한 나이였으니 비교적 착각이 적었을 것이다. 그러나 사춘기가 되면서 착각은 늘어나기 시작했다. 또 사회인이 되어 세상과 싸우는 나이가 되고서는 착각이 도를 넘어 스스로의 착각이 마치 신념인 듯, 착각하는 예도 많았음이 사실이다.

어떤 사람이 분수를 너무 모르고 사리에 맞지 않는 생각을 할 때,

흔히 '착각은 죄가 아니니 마음대로 하라' 며 비웃곤 한다. 그러나 때로는 남들이 착각이라며 비웃던 일이 보란 듯이 성공을 거두고 승리하는 예도 종종 보곤 한다. 그러니 이 착각이란 용어는 너무나 주관적이어서, 착각인지 아닌지를 구분하기 매우 어려운 것도 사실이다. 사실 모든 사람은 나름대로의 조건이 모두 다르다. 또 항상 변하는 것이 세상이고 보니, 예전의 착각이 지금의 정각일수도 있고 또 타인의 정각이 나에게는 착각일 수도 있는 것이다.

착각의 대표적인 예는 역시 사람과 사람사이의 인간관계에서 실감할 때가 많다. 이해관계가 복잡하고 첨예한 현대인의 삶 일수록 사고와 판단은 자기중심적이다. 그러다보니 똑같은 이야기를 듣고 나서도 각자 이해한 것은 천태만상일 경우가 많다. 최근 국립대학 간의 통폐합이 심심치 않게 거론되고 있다. 경남의 두 국립대학은 벌써 두 번이나 통합하기로 합의 했다가 서로가 약속을 안 지켰다며 취소되기도 했다. 점잖은 대학 총장님들의 합의가 이렇게 우습게 두 번씩이나 무산되는 것을 보면 동상이몽이란 말이 절로 실감난다. 모든 사람의 본성은 자기중심적이다. 그러다보니 자기의 것을 먼저 채우기 위해 서로가 서로를 착각시키고 또 스스로도 착각하는 예가 많다. 어쩌면 지식인 사회일수록 그 정도는 더욱 첨예하고 치졸한지도 모른다.

사람들은 왜 착각을 할까? 그것도 많이 배웠다는 지식인들이 말이다. 불교에서는 어리석음 즉 착각을 하지 않기 위해서는 우선 사물의 실체를 볼 줄 알아야 한다고 가르치고 있다. 그런데 세길 물밑은 알 수 있어도 한 뼘도 안 되는 사람의 마음속 깊이는 알 수 없으니, 우리 세상사는 서로의 착각과 미망 속에서의 한바탕 광대놀음인지도 모른다. 그리고 세월이 지나고 나면 비로소 그때 그 일이 부질없는 착각이었음을 깨닫는 것이다.

만약, 예수 석가 공자와 같은 인물이 요즈음 같은 혼돈스러운 현대 사회에 다시 태어난다면, 우리는 그분들을 여전히 성인군자로 모실 수 있을까? 현대의 성인군자란 모든 사람과 집단의 자기중심적인 착각들을 서로 잘 조절해서 최대공약수를 도출할 수 있는 사람, 다시 말하면 대화의 명수 또는 협상의 달인이 현대판 성인군자가 아닐까? 결국 우리 인생은 착각 속에서 나름대로의 조화를 찾아야만 하는 운명인 것이다.

그런데 착각이란 우리 사람에게만 있는 것일까? 또 착각하는 사람은 항상 비웃음을 당해야 마땅한가? 그렇다면 우리가 기대어 사는 자연은 과연 착각을 하지 않는가? 자연이 스스로 착각을 일으키는지를 직접적으로 증명하기란 어려운 일이다. 그러나 착각이라는 것도 결국 하나의 불완전함의 파생물이라 볼 때, 우리는 자연 속에서도 종종 불완전함 즉 착각의 증거를 보곤 한다. 예를 들면 자연생태계의 돌연변이 현상이라거나 또는 확률적으로 거의 일어날 수 없는 사람의 희귀한 난치병 등을 보면, 분명 자연도 때로는 착각 속에서 혼동을 일으키고 불완전한 모습을 보일 때가 있음을 알 수 있다.

이러한 대자연의 불완전함 즉 착각은 그 자체가 역시 조물주의 뜻인지, 아니면 우주 자체의 에너지나 또는 흐름의 변화 때문인지는 알 수 없다. 그러나 대자연 역시 때로는 착각 속에서 스스로를 파괴하며 재앙을 발생시키는 것은 확실하다. 이와 같은 대자연의 불완전한 현상을 볼 때, 인간의 착각이란 특별한 부족함이 아닌, 그저 그 자체가 자연스러운 한 현상인 것이다. 그러니 착각을 특별히 예찬할 것까지야 없겠지만, 그렇다고 착각을 비웃을 것까지는 없지 않은가?

여하튼 한 가지 오묘한 것은 우리가 기대어 사는 대자연도 때로는 착각을 하고, 그 속에 사는 우리네 인생은 수 없이 많은 착각의 연속임에도 불구하고, 이 세상은 계속 이어져 발전하고 있다는 것이다. 거칠기 짝이 없는 이 세상이지만 그 도도한 착각속의 흐름은 그

누구도 막을 수 없으니, 이것이 바로 우리가 사는 세상의 경이로움
과 위대함인 것이다.

(2006)

치매 예방주사

　얼마 전 건강 종합검진을 받기 위해 대학병원에 갔을 때였다. 그날은 검진 결과를 놓고 가정의학과 선생님과 상담을 하고 있던 중이었다 대학병원이란 곳이 다 그렇듯이, 복도에는 기다리는 사람들로 붐비고 간호사실에는 몇 가지 기본 조사를 받으며 의사의 진찰을 대기하는 사람들이 있기 마련이다. 그러니 병원에서는 때로 다른 사람의 건강 신상이나 질병문제에 대해 본의 아니게 듣게 되는 예가 많다.

　의사 선생님은 나의 기록과 촬영 사진을 살피느라 잠시 침묵이 흘렀다. 그런데 그 때 바깥에서 웬 할머니의 소리 높은 목청에 우리는 귀를 기우리다가 동시에 마주 보고 한 바탕 웃은 적이 있다. 할머니의 계속된 말씀은 "치매 예방주사 없는교?"였다. 간호사가 열심히 설명해도 할머니는 막무가내 치매 예방주사를 놓아 달라는 것이었다. 감기도 예방주사가 있는데 왜 없냐는 것이다. 결국 의사선생님이 문을 열고 "할머니, 그런 예방주사가 있으면 저부터 맞겠습니다"라는 말에 우리는 모두 또 한번 웃었다.

동서고금을 통해 모두 잘 아는 일이지만, 치매 문제는 어제 오늘의 이야기가 아니다. 이는 우리 주변에도 항상 있었던 일이지만, 최근 고령인구가 많아지고 또 대가족제도에서 아파트의 소가족제도로 사회가 바뀌고 나니, 치매 노인의 문제가 사회적으로 점점 더 거론되는 것이다. 선진국의 경우 노인 사회복지가 잘 되어 있어 문제점이 자주 표출되지 않는다. 그러나 우리의 경우는 아직도 각 가정에서 스스로 해결해야 하니, 이런 저런 어려운 이야기들이 들리는 것이다.

치매란 뇌세포가 노화되면서 인지 능력을 상실하는 것이다. 이것은 그 사람의 교육정도나 재력정도에는 큰 연관이 없는 듯하다. 85세 이상의 노인 50%에서 치매가 발생된다는 통계가 있다. 또 치매에 걸릴 확률은 나이가 많아질 수록 높다. 이 뇌질환은 본인의 지적 능력 또는 의지와는 관계없이 발생하는 자연적인 노화의 한 과정이기도 하다. 현대의학으로는 아직도 치매를 치료할 수 있는 방법이 없다. 단지 치매의 진행을 서서히 하게 하는 초기 단계의 보조적인 약이 있을 뿐이다. 그러니 치매에 걸린 그 누구에게도 당신의 부족함 때문이라고 탓할 수는 없는 것이다.

이성으로 먹고 살며 인간 도리를 해오던 사람이 그것도 완덕을 보여주어야 할 인생의 노년기에, 치매라는 불치병으로 살아 있는 인간으로서의 모든 것을 상실하고 마치 하등동물처럼 살아야 한다는 것은 생각만 해도 끔찍한 두려움이 아닐 수 없다. 그러니 그 할머니의 말씀처럼 '치매 예방주사 없는교?' 란 말에 우스꽝스러워 하면서도 우리 모두의 귀가 번쩍 띄지 않을 수 없는 것이다.

치매에 걸릴 경우 의사들은 사진으로 뇌세포의 파괴 정도를 보고 치매가 어느 정도 진행되었는가를 판단한다. 그런데 사진상으로 판단한 의사의 결과와 환자의 실제 치매 행동 사이에는 많은 차이가 있을 수 있다 한다. 즉 사진 상으로는 치매가 심할 것 같은 환자인데도 실제로는 치매의 행동이 낮게 나타나는 사람이 있고, 또 어떤 사람은 뇌세포의 파괴 정도가 초기임에도 불구하고 심한 치매 행동이 나타나는 사람이 있다는 것이다.

즉 치매에 걸렸다 해도 그 사람의 타고난 성품과 살아온 인격이 반 무의식적인 치매 행동에 그대로 반영된다는 것이다. 평시 공격적이고 까다로웠던 사람은 치매 초기임에도 불구하고 심한 공격성을 보이며 주위 사람을 어렵게 한다. 그러나 성격이 유순하고 이타적인 사람은 비록 뇌세포의 파괴가 심할지라도 고약하게 남을 공격하거나 괴롭히지는 않는다는 것이다. 평소 명랑하고 유쾌했던 사람은 비록 때와 장소를 가리지는 못하지만 여전히 웃기를 잘하고 실없는 소리를 잘 하고, 혼자 심각하고 우울해 하던 사람은 치매에 걸려서도 여전히 그대로 나타난다는 것이다.

실제로 종교적인 수도생활을 하시던 분들도 나이가 들면 치매에 걸리곤 한다. 그러나 이 분들의 경우는 뇌세포의 파괴 정도에 비해 치매 행동이 매우 자제된다는 것이다. 평생을 수행하며 사신 분들이기 때문에 비록 치매에 걸리더라도 자신의 행동을 자제하는 능력이 일반인들과는 크게 다르다는 것이다.

나이가 들어가거나 또는 치매에 걸린 부모님을 모셔본 사람들은 치매의 어려움을 잘 이해한다. 그래서 어떻게 하면 치매를 예방할 수 있을까 생각도 한다. 일반적으로는 나이가 들어도 두뇌 활동을 열심히 하는 것이 좋다고 한다. 또 손가락을 많이 사용하는 것이 치매 예방에 도움이 된다고도 한다. 그래서 어떤 사람은 시간이 날 때마다 무언가를 열심히 외우는 연습을 하기도 하고, 어떤 사람은 나이가 들어 악기를 배우는 사람도 있다. 이 모두가 치매를 예방하기 위한 치매 예방주사인 셈이다. 그럼에도 나이가 들면 점점 더 치매에 걸릴 확률은 높아만 가니, 중요한 것은 치매에 걸렸다 할지라도 가능하면 다른 사람을 불편하게 하지 않는 방법을 찾아야 하지 않는가. 그런 면에서 볼 때, 역시 항상 타인을 이해하고 베풀려는 이타적인 마음의 수양이야 말로 가장 약발 서는 치매 예방주사인 것이다.

(2006)

우리 천천히 합시다

벌써 오래전의 일이었다. 외국에 체류하던 아들 녀석이 악보를 보내 달라고 해서 서면의 영광도서를 방문한 적이 있었다. 솔직히 악보를 한 번도 사 본 경험이 없는 나로서는 어디에 가야 구 할 수 있는지 조차 몰랐다. 음악에 조예가 있는 친구에게 물어보니 대형 서점에서 악보를 취급하는데 부산에서는 서면의 영광도서에 다양한 악보가 많다고 알려주었다. 서점에 들러 악보와 많은 음악교본이 진열된 코너를 안내 받았다. 그런데 막상 그 코너에 가보니 아들 녀석이 부탁한 악보를 내 눈으로 직접 찾아내기가 그리 쉽지 않았다. 악보라는 것이 볼륨이 아주 얇을 뿐만 아니라, 종이 색깔은 모두가 노란색이고 또 복잡한 음악 부호로 되어 있으니, 음악에 별 조예가 없는 나 같은 사람으로서는 필요한 악보를 찾아내는 일이 쉽지 않았다. 일일이 꼼꼼히 악보 제목을 확인해야만 했고, 솔직히 작은 글씨는 잘 보이지도 않았다.

서점 직원은 여기서 찾아보라고 한 마디만 던진 후 어디론가 가버렸다. 또 그곳은 일층이나 이층의 일반 서점 코너와는 달리 아무

손님도 없었다. 주위에 아무도 없이 혼자이고 보니 악보를 찾기가
더 힘들 것 같은 기분이 들기도 했다. 책방에 가면 빼곡히 진열된
책들 속에서 목을 기웃거리며 사고 싶은 책을 용케도 뽑아내곤 했
는데, 그날은 주위에 아무도 없어서 인지 엄두가 나지 않았다. 역시
사람은 혼자이기 보다는 여럿이 더불어 있어야 의욕도 생기고 용기
도 나오는 법이다.

한참을 악보 코너 앞에서 멍하니 있는데 어떤 노신사 한분이 뒤에
서 말을 거셨다. 무슨 악보를 찾으시냐고 묻는 것으로 보아 음악이
전공이신 분임을 순간적으로 직감했다. 나는 아들 녀석이 부탁한
클래식 색소폰 악보를 찾는다고 대답하니, 그 분 말씀이 그 악보는
색소폰 코너에서 찾지 말고 클라리넷 코너에서 찾아야 한다고 일러
주셨다. 역시 음악 전문가임이 확실하였다. 색소폰과 클라리넷은
비슷한 목관 악기이어서 서로 같은 악보를 사용하는 예가 많음을
알게 되었다. 그 분은 나보다는 연배가 십 수 년 이상 윗분으로 보
였다. 음악을 하시는 분이라 그런지 연배에 비해 고우셨고 온화한
멋스러움이 풍겼다.

우리는 자연스럽게 이야기를 하게 되었다. 누가 그 악보를 보려하
느냐, 아드님은 무엇을 하느냐 등 등. 우리는 서로 명함을 나누고
이런 저런 이야기를 나누었다. 그 분은 텔레비전 방송사에서 음악
을 담당하셨던 분인데, 내가 음악에 문외한으로 몰라 뵈어서 그랬
지, 그 분야에서는 널리 알려지신 원로 연주자셨다. 그 분은 친절하
게 당신이 직접 악보를 찾아주겠다 하셨다.

클라리넷 악보 코너는 색소폰 코너 바로 옆인데, 색소폰보다도 악
보가 훨씬 많았다. 색소폰 보다는 클라리넷이 더 널리 연주되므로
교육용 교본이나 악보가 훨씬 더 다양했다. 노신사는 허리를 굽히
고 목을 기웃거리며 선반의 악보를 들추기 시작했다. 그러나 곧 찾
아 질것 같은 그 악보는 한 눈에 금방 찾을 수가 없었다. "얼마 전에

여기서 보았는데~”하시며 다시 허리를 굽히고 빼곡히 꽂혀있는 악보를 하나씩 들추셨다.

나는 어떻게 도울 방법이 전혀 없으니, 그저 고맙다는 표정으로 옆에서 보기만 할 뿐이었다. 그 때 그분은 옆의 나를 보시며 “우리 천천히 합시다”하셨다. 음악이 전공이시고 친숙한 악보였지만, 긴 선반에 겹겹이 꽂힌 악보를 골라내기란 시간이 필요할 수도 있었다. 노신사께서는 생각보다 시간을 끄는 것이 내게 미안하신지, 나를 보며 또 “우리 천천히 합시다”하셨다. 그리고 다시 한 번 악보를 차례대로 들추시던 중, 내가 찾던 악보를 선반에서 빼내시며 “아, 여기 있었는데~”하시며 환하게 웃으셨다.

사람이 살면서 정말로 속일 수 없는 것은 ‘나이’ 라고 한다. 방송 화면에 오랜 만에 나오는 연예인이나 유명 인사를 볼 때, 사람들은 ‘저 사람은 늙지도 않아! 십년 전 그 모습 그대로야!’ 하며 놀라기도 한다. 가발이나 메이크업 기술은 하루가 다르게 변하고, 우리나라 의 수준 높은 성형수술은 이미 세계적으로도 정평이 나 있다. 그러 니 외모만 보고서는, 세월이 마치 거꾸로 흐르는 듯, 오히려 젊어지 는 사람의 모습이 많음도 사실이다. 그러나 겉은 속일 수 있을지 모 르나, 나이가 들어가면서 늙어가는 본래의 모습은 그 누구도 어쩔 수 없다. ‘한 손에 막대 들고 또 한 손에 가시 들고 늙는 길 가시로 막고 오는 백발 막대로 치려 터니 백발이 제 먼저 알고 지름길로 오 더라’ 라는 옛 시 구절과도 같이, 나이는 그 어느 천하장사도 속일 수 없는 것이다.

나는 요즈음 두세 가지의 일을 동시에 수행 해야만 할 때 예전 같 지 않음을 느낀다. 우선은 짜증이 나고 쉽게 피로해 진다. 또 나는 비교적 운동을 꾸준히 하는 편이긴 하나, 요즈음은 몸놀림이 예전 보다 민첩하지 못한 기분을 느끼기도 한다. 처음에는 마음속으로 ‘그럴 리가 없다’고 단언 했는데, 이제는 어떤 변화가 내 몸 안에 확실히 와 있음을 스스로 인정한다. 분명 예전과는 다르다. 이제는 무슨 일을 할 때, 한 가지 한 가지 천천히 해야지, 욕심이 앞서 한꺼번에 하려하면 일은 오히려 뒤죽박죽이 되기 일 수다. 이 경우 행동은 더욱 굼뜨고, 판단하고 결정하는 속도도 예전 같지 않음이 사실이다. 그러니 하나하나 천천히 하는 것이 훨씬 더 효율적이다.

어떻게 보면 나이가 들면서 신중해 지고 젊잖아 져서 천천히 하는 것처럼 생각할 수도 있지만, 이는 분명 나이 듦에 따른 육체적인 노화현상으로 보는 것이 합당할 것이다. 이런 감정을 스스로 느낄 때 참으로 기분이 묘하다. "마음은 항상 청춘이지만 몸은 그렇지 않다"는 돌아가신 어머니의 말씀이 새삼스럽다. '그래 어찌하겠는가! 세월이 이렇게 많이 흘렀는데~' 하며 스스로를 위로하고 달래 볼 뿐이다.

그러나 돌이켜 보면 이러한 변화는 자연의 순리에 따른 지극히 정상적인 현상이다. 그럼에도 불구하고 무엇인가 잃어버린 듯, 상실감을 느끼는 이유는 무엇 때문일까? 이러한 연유를 곰곰이 생각해 보면, 이 모든 것이 세상을 살면서 터득한 어리석은 경쟁심 때문인 것만 같다. 세상과 싸워야만 하는 인생이고 보니 경쟁심은 필수적인 것이기도 하다. 그러나 살다가 때가 되어 나이가 든다는 것은 아무도 어쩔 수 없는 일이다. 그냥 받아 들여야만 하는 자연의 법칙인 것이다. 그러니 이미 나이가 든 '지금의 나'를 과거 '젊었을 때의 나'와 이러니저러니 비교할 아무 이유가 없는 것이다. 그런데 나는 이런 사실을 잘 이해하고 있음에도 불구하고, 자꾸만 젊었던 시절 과거의 내 모습과 경쟁을 벌리려는 것이다. 이는 논리에 전혀 맞지 않는 화두를 들고, 마치 어린아이 떼 쓰 듯 고집을 피우는 모습이니, 이 얼마나 우스운 어리석음인가! 이것이야 말로 '어른아이 adult child'의 대표적인 사례가 아닌가!

나는 요즈음 가끔씩 그 노신사의 모습이 떠오르곤 한다. 온화하고

멋스럽던 그 노신사가 몇 번이고 나를 보며 '우리 천천히 합시다'
하시던 그 모습이 자꾸만 떠오르는 것이다. 행여나 당신보다 훨씬
연하였던 내가, 굼뜨게 악보를 찾고 있는 당신의 모습을 답답해 할
까봐 그리고 또 악보 하나하나를 천천히 넘기며 확인해야만 비로소
찾을 수 있었던 당신을 이해하지 못할까봐, 몇 번이고 나를 보며
'우리 천천히 합시다' 하시던, 그 중후한 노신사의 마음을 나는 이
제야 비로소 정확히 깨달은 것이다.

(2007)

내가 본 천국

꽃들의 순서

　계절 중에는 역시 봄이 최고인 듯하다. 예전에는 푸르고 높은 하늘에 단풍으로 낙엽 지는 쌀쌀한 가을이 제일이더니, 이젠 내 마음이 변덕스러워 졌는지 그토록 좋아하던 가을 보다는 꽃이 피기 시작하는 봄이 계절 중 최고인 것 같다. 나이를 먹어가기 때문일까? 가을의 차분함이 봄의 환희만은 못한 것 같다.

　얼어 죽은 듯한 앞마당의 겨울나무에서 그리고 현관 앞 화단의 언 땅에서 밀치고 움트는 새싹과 꽃들은 말 그대로 환희의 신비인 것이다. 그런데 참으로 고맙고 다행인 것은 봄이 되었다고 모든 꽃이 동시에 피지 않는다는 사실이다. 꽃은 피면 지기 마련인데 봄이 되었다고 모두가 한꺼번에 꽃을 피웠다가 진다면 이 얼마나 애석한 일이랴! 역시 조물주는 사람을 이토록 사랑하셔서 꽃마저도 다 철 따라 차례차례 피어나게 하셨으니 찬미와 감사를 드리지 않을 수 없는 것이다.

　움추린 추운 겨울날 봄이 멀지 않았음을 전하는 전령은 단연 동백꽃이라 할 수 있다. 동백은 추위에 약해 북쪽의 내륙지방에서는 견디지 못하는 큰 아쉬움이 있지만 그래도 우리 같은 남쪽 사람들에게는 동백만한 꽃이 어디 또 있겠는가.

내 눈에 비친 동백은 세 번의 꽃을 피운다. 첫째는, 이월이면 피는 진짜 붉은 동백꽃이요, 둘째는, 사월 아무런 흩날림 없이 마치 순교라도 하는 듯 땅 위에 꼭지째 똑똑 단정히 떨어져 있는 붉은 선혈의 동백꽃이다, 셋째는 한 여름이 지나 가을이 될 때 호두 알만한 수많은 동백 열매가 가을 햇살에 붉게 반짝이는 또 하나의 꽃의 모습인 것이다. 동백은 이렇게 세 번이나 꽃을 피우고도 모든 초목이 시들어 버린 겨울이 되면 반짝이는 도톰한 녹색 잎으로 남쪽지방의 모든 서민들에게 희망과 기쁨을 주고 있으니 동백꽃이야 말로 천수천안 보살의 꽃인 것이다.

북쪽 내륙에서 봄을 알리는 전령은 매화가 일등이다. 잔설이 남아 있는 이월, 눈 속에서 피어나는 설중매는 역시 꽃 중의 으뜸이다. 동백꽃이 모든 서민의 애환을 위로하는 관세음보살의 모습과도 같다면 매화는 고고한 기품을 주는 상서로운 군자의 꽃임이 확실하다. 늙은 매화나무 고목에서 띄엄띄엄 피는 홍매화 꽃송이는 만인의 눈길을 끌기에 손색이 없다. 또 매화는 은은한 향기가 일품이다. 한 송이 조심스럽게 따서 연무가 오르는 따듯한 찻잔에 넣고 눈으로 감상하며 향기로 즐기는 매화차는, 사치스러운 듯 해도 종종 즐겨 볼 만한 품위 있는 선비의 멋이 아닐 수 없다.

이와 같이 꽃은 아직도 매서운 찬바람이 몰아치는 이월의 꽃이 단연 돋보인다. 그러나 삼월이 되면 수없이 많은 꽃들이 차례를 기다리며 줄지어 피어나니 봄을 맞는 즐거움을 어찌 가을에 비교할 수 있으랴.

동백꽃과 매화 다음으로 삼월 중순에 피는 꽃은 산수유와 화단의 얼은 땅을 쑥쑥 밀어내고 올라오는 복수초와 수선화이다. 이 노란 꽃들은 마치 알에서 부화한 병아리처럼 순수하고 애띤 모습인데 이 꽃들은 본격적인 봄을 알리는 신호이기도 하다.

삼월 하순 향기가 천리를 간다는 서향이 피면 곧 이어 왕비같은 목련꽃은 우아한 모습으로 밤하늘을 눈부시게 비춘다. 연못가 회양목은 가지마다 실 같은 꽃이 피고 꿀을 찾는 벌들의 분주함이 이미 봄이 도착하였음을 알려준다. 이때쯤이면 돌담 개나리와 앞산의 진달래가 피고 어느새 벚꽃은 만개하여 봄이 절정에 이르렀음을 알린다. 그러나 목련이나 벚꽃은 생각보다 일찍 시들고 또 그 마지막 모습이 단정치 못해 아쉬움을 남긴다.

벚꽃과 목련이 지는 사월 초순이면 도화꽃은 어느새 환상적인 매혹으로 다가 오는데 가는 봄비를 촉촉이 맞으며 피어 있는 도화꽃은 더욱 무릉도원을 꿈꾸게 한다. 도화꽃이 한참일 무렵 잔잔한 모습으로 하얗게 피어 밤하늘을 훤히 비추는 자두꽃은 또 하나의 낙원인 것이다. 특히 은은한 자두꽃 향기 속에서의 앞산 소쩍새 울음소리는 까닭없이 잠 못 이루는 설렘이 되기도 한다. 또 이즈음 비록 자두꽃과 같은 향기는 없어도 나의 눈길을 끄는 꽃이 바로 명자나무꽃이다. 아무 잎도 없이 붉은 꽃잎만이 둥글게 피어오르면 그 화사하면서도 순수한 멋이 마치 도시의 때가 전혀 묻지 않은 착한 시골처녀의 마음을 보는 듯한 것이다.

사월 초순에 피는 또 다른 소박한 꽃은 앵두꽃인 것 같다. 우물가 돌담 옆에 피어 있는 앵두꽃은 그 모습이 마치 방망이에 작은 하얀 꽃이 돌아가며 피는 모습이다. 며칠 지나면 흰 꽃잎 사이로 작은 연두색 잎이 나오며 퍼진다. 앵두꽃은 화려하고 멋지다기 보다는, 잡목 같이 볼품없는 나무 가지에도 저렇게 수많은 앙증맞은 꽃이 피고 또 얼마 후면 빨간 앵두가 익는 모습이 참으로 경이롭고 사랑스럽다.

사월 중순이면 밥풀 같은 희끗희끗한 보리수 꽃이 피고, 어느 시인의 노래처럼 '쌜쭉 피었다가 쌜쭉 진다' 는 모과 꽃봉오리는 갸름한 수줍은 소녀의 얼굴처럼 쌜쭉 피어나려 한다. 모과 고목 위에 흐드러지게 수놓은 작은 분홍 모과꽃 모습은 정말로 장관이다. 만개한 모과꽃은 흰색에 가까운 분홍인데 그렇다고 결코 창백해 보이거나 힘없어 보이지 않는다. 박달나무처럼 단단하고 거친 모과나무의 수피樹皮와는 달리 꽃은 생각보다 작고 매우 은은한 모습이다. 모과는 그 못 생긴 모습에서 놀라고 냄새를 맡아보면 그 향기에 또 다시 놀란다지만, 그 보다 더 놀라운 것은 이렇게 연약하고 겸손해 보이는 작은 꽃에서 어떻게 참외만한 모과를 주렁주렁 매다는지! 이는 모과나무의 또 다른 신비가 아닐 수 없다. 이 무렵 현관 앞 화단의 목단은 사랑의 열정을 웅변하듯 작열하는 자줏빛으로 피어오른다.

사월 하순에 가장 아름다운 꽃은 아마도 사과꽃이 아닐까 생각된다. 흰 사과꽃이 만발하여 그윽한 향기를 날리면 멀리 떠나버린 사랑하는 옛 연인이 다시 내게로 올 것만 같은, 서글픈 그리움을 일게 한다. 연못 앞 돌 사이에 심어놓은 영산홍도 사월 하순이면 만개하는데 붉은색과 보라색 영산홍이 흰 영산홍보다 일찍 꽃이 핀다. 그러나 주홍색의 영산홍은 아직도 꽃망울조차 보이지 않는다. 영산홍은 한그루씩 따로 피어 있는 것 보다는 무리져 피어 있는 모습이 훨씬 더 아름답다. 특히, 불에 타는 듯한 붉은 영산홍꽃은 더욱 그렇다. 그러나 영산홍 역시 지는 모습이 깔끔하지 못하다. 봄비라도 맞은 후의 시든 꽃은 싸리비로 털어내야 하는 단정하지 못한 아쉬운 모습이다. 이 무렵 뒷산의 소나무는 꽃이 만발한데, 꽃 같지도 않은 수꽃에서 터져 나오는 송화 가루가 온 동네를 뒤덮어 가장 인기 없는 성가신 꽃이기도 하다.

계절의 여왕 오월이 되면 오랜 기간 야무지게 봉오리 져 있던 화단의 함박꽃은 드디어 입을 연다. 함박꽃의 속은 아름다운 레이스 모양의 꽃잎으로 겹겹이 쌓여 있다. 이렇게 속살이 너무 고와서 함박꽃은 그토록 오랜 기간 입을 꼭 다문 채 기다렸나 보다. 함박꽃을 보노라면 마치 여인이 사랑하는 연인을 위해 예쁜 속옷의 모습을 조심스레 보여주는 듯하다. 또 이 무렵에는 부처님 머리 같다는 하얀 불두화가 탐스럽게 피어나고 보랏빛 라일락과 등나무 꽃, 그리고 연못가의 황철쭉, 우물가의 붓꽃 등이 피어난다.

이 무렵, 또 하나 희한한 꽃은 후박나무꽃이다. 후박나무는 사철 넓은 푸른 잎으로 의젓한 모습이고 또 팔만대장경을 만든 위엄 있는 나무이지만 꽃은 마치 좁쌀처럼 작고 볼품이 없기 때문이다. 나무의 모습과 꽃의 모습이 전혀 어울리지 않는 대표적인 예인데~글쎄, 분명 조물주는 무슨 뜻이 있었을 턴데 말이다.

오월 중순은 역시 장미의 계절이다. 이쯤 이면 오동나무도 보라빛 꽃을 피운다. 텃밭에는 하얀 감자꽃이 한참이고 길 쪽 돌담 아래로는 붉은 홍화꽃이 이미 활짝 피었다. 집으로 들어오는 길가 가로수에는 이팝나무꽃도 하얗게 피어나고 온 동네는 뒷산 아카시아꽃 향기 속에 잠긴다.

석류나 대추나무도 다른 나무에서 볼 수 없는 신비로움이 있다. 모든 초목이 움이 트고 싹이 나는 사월이 다되어 가도록, 이 녀석들은 죽은 듯 아니면 아직도 겨울잠을 자는 듯 기척이 없다. 사월 하순이나 되어야 석류나무는 참새 혓바닥 같은 붉은 새싹을 움트고 대추나무도 이제야 삐죽 삐죽 싹을 내민다. 석류는 오월 하순경 무성한 녹색 잎을 달고 그 사이사이에 주홍꽃을 다는데 그 모습이 또 한 번 탄성을 불러일으킨다. 석류꽃은 가까이에서 보다 멀찌감치 떨어져 보아야 더욱 아름답다. 녹색과 주홍색의 조화가 이렇게 평화롭고 아름다운지는 만발한 석류꽃에서 실감할 수 있다. 석류꽃이 더 마음에 드는 것은 꽃 자체의 모양이 매우 단순 소박하고 향도 없지만 마지막 모습이 마치 동백꽃처럼, 시들지 않고 지는 장엄한 모습이기 때문이다. 가시가 더덕더덕 붙은 석류나무 밑에 꼭지째 떨어져 수북이 쌓인 석류꽃은 동백꽃과 함께 나의 마음을 숙연하게 만드는 깊은 내면의 멋이 있기 때문이다. 이 시절 석류꽃과 같은 주홍빛의 영산홍이 마지막으로 피어나고, 흰 치자 꽃봉우리는 머지않아 입을 열 듯 녹색 잎 사이사이에서 얼굴을 뾰족 내민다.

유월이 되면 드디어 노란 좁쌀 알 보다도 작은 대추 꽃이 피는데 이 또한 의문이다. 우리 몸을 따듯하게 보해주는 과일로는 대추만한 것이 없고 대추를 즐겨 먹으면 회춘回春한다고 까지 하는데, 대추를 맺는 이 꽃의 모양이 이토록 하찮아 보이니 이 또한 우리가 알 수 없는 조물주의 신비로움인 것이다.

내가 가장 좋아하는 나무중의 하나가 감나무이다. 감나무는 문무충효절文武忠孝節을 상징하기도 하지만, 대代를 이어 고목이 되는 의젓한 모습을 보이기 때문이다. 유월에는 감나무 꽃이 한참이다. 수북이 떨어져 내린 흰 감꽃을 주워 실로 대충 엮어 목에 걸고 있노라면, 이 또한 잔잔한 한가로움의 멋이 아닐 수 없다.

유월 중순이면 마을 입구의 밤나무 숲은 희끗 희끗한 밤꽃으로 덮이고 건강한 남성의 냄새 같은 밤꽃 향이 바람을 따라 이곳저곳으로 흘러 다닌다. 집 대문으로 들어서면 우윳빛 홑 치자 꽃이 만발하고 온 집안은 바람이 일적마다 황홀한 치자꽃향기에 취한다. 이 무렵 불쑥 올라온 화단의 백합은 입을 다문 채 기다리고 있고 채송화는 햇님처럼 피어난다. 유월 하순 백합이 만발하면 온 집안은 또 한 번 우아한 향 내음에 잠긴다.

이렇게 봄이 지나 칠월 여름이 오면 나무는 더 이상 꽃을 선사하지 않는다. 또 화단의 꽃들도 이젠 단조로운 모습이다. 그저 채송화와 대문 옆 베고니아 그리고 우물가의 수국만이 지칠 줄 모르고 피어 있다.

그러나 어느덧 새로운 관심을 끄는 것은 전혀 눈 여겨 보지 않았던 분꽃이 어느새 울창해져서 꽃을 피우는 것이다. 분꽃은 다른 꽃들과는 달리 한낮에는 입을 다물고 있다가 저녁 무렵이 되면 맑게 피어나는 꽃이다. 이 꽃은 오후 4시경에 핀다고 해서 four o'clock

이기도 하다. 분꽃은 내가 가장 좋아하는 꽃 중의 하나이다. 퇴근하여 밤에 집에 들어가면 현관 불빛 아래 환하게 피어 있는 분꽃이 반가운 모습으로 나를 반긴다. 한 걸음 한 걸음 옮길 때마다 은은한 향기가 온 몸에 와 닿는 꽃, 그리고 잎 사이사이에서 돌아가며 끊임없이 꾸준히 피어나는 꽃, 화려한 진홍빛이면서도 맑고 순수해 보이는 분꽃만의 독특한 색상, 마지막에는 동백꽃 석류꽃처럼 꼭지째 깨끗이 떨어져 표시도 없이 사라져 가는 꽃, 이 모든 것이 다 내가 좋아하는 모습들이기 때문이다. 분꽃은 구월 말까지 뜰 안에서 나를 반기며 정다운 친구가 되곤 한다.

시월이 되면 그토록 아름다운 꽃들을 선사하던 나무와 화초들은 모두 잎을 떨어뜨리고 분꽃은 건실한 검은 씨앗으로 땅에 떨어진다. 그러면 봄부터 돌담 옆에서 말없이 커오던 국화만이 찬 서리가 내리는 십일월까지 홀로 피어 있다. 모든 것이 사라진 늦가을에 홀로 피는 국화는 예쁘다거나 반갑다기보다는 그저 내 마음을 담담하게 할 뿐이다. 어느 시인의 노래와도 같이 한 송이 국화꽃을 피우기 위한 너무도 긴 인내와 기다림 때문일까? 국화꽃을 바라보는 나의 마음속에는 어느새 새봄의 환희가 기대되는 것이다.

(2003)

들꽃

　대자연의 모습은 모두가 장엄하고 아름답지만 나는 특히 한 떨기 들꽃의 삶을 예찬하고 싶다. 이 세상에는 흉한 것도 많고 무미건조한 것도 많지만, 어디에서나 손쉽게 만나볼 수 있고 앙증스럽게 예쁘면서도 은은한 향기를 전해주는 들꽃은 가장 아름다운 자연 모습 중의 하나이다. 우리 모두가 들꽃을 좋아하는 이유는 아름다우면서도 결코 뽐내지 아니하고, 자연의 순리대로 때가 오면 홀로 피어 향기를 내고, 또 때가 되면 말없이 사라지는 겸손함 때문이리라. 마치 진정한 종교인은 생사불이生死不貳임을 믿으며 향기롭게 살다 생을 마감하듯이, 들에 핀 이름 모를 들꽃은 아름답게 피었다간 지고 또 피었다가 질뿐이다. 말없는 한 떨기 작은 들꽃이 마치 인간의 훌륭한 종교적 예술적 삶을 대변하는 것 같아 깊은 생각에 잠기게 한다.

　부처님은 인간의 생로병사生老病死 외에도, 이루고자하는 것을 이루지 못하고 만나고 싶지 않은 사람과 더불어 살아야만 하며, 사랑하는 사람과 헤어져야 하고, 보고 듣고 싶지 않은 것들을 어쩔 수 없이 참고보고 들어야 하는, 피할 수 없는 인생의 숙명적인 여덟 가지 고통을 설하셨다. 역시 인생은 고행이요 제행무상諸行無常임을 실감한다. 이러한 삶의 허무함을 해결하기 위해 종교가 존재하고, 또 예술은 길며 아름답다고 예찬하는 것이 아닐까?

다석多夕 류영모선생께서 말씀하셨듯이 종교란 죽는 것을 두려워하지 않으며 죽음이 끝이 아니라는 것을 알게 하는 가르침이다. 또 예술이란 오스카 와일드의 말씀처럼 하느님이 만드신 대자연의 무한한 창조성을 모방하는 작업이기도 하다. 이런 면에서 볼 때 대자연과 종교와 예술은 서로 상이한 것 같으면서도 그 근원을 같이하고 맥이 서로 통함을 알 수 있다.

나는 오래전부터 꽃을 좋아해 왔으나 이곳 캐나다 빅토리아에서 연구년을 지내면서 꽃에 대한 애정이 더 깊어 졌다. 사실 우리나라는 좁은 면적에 인구가 너무 많아 캐나다에 비하면 자연환경이 열악함이 사실이다. 따라서 도심지에서는 단정한 아름다운 꽃밭을 보기가 쉽지 않다. 그저 상업적인 목적에서 대량 재배하여 허리를 가위질한, 생명력을 상실한 애처로운 꽃묶음을 볼 뿐이다. 그래서 나는 화병의 꽃을 좋아하면서도 때로는 사치스럽다는 생각이 들고, 조금 시들고 나면 곧 바로 부패한 화폐 냄새가 나는 것 같아 빨리 치워버려야만 직성이 풀린다.

꽃의 모습은 크게 두 가지로 구분할 수 있다. 하나는 꽃꽂이를 위한 실내의 장식용 꽃이요, 또 하나는 대지에 뿌리를 내리고 있는 생명의 꽃이다. 벌써 오래전 북경에서의 일이다. 학회에 참석했다가 시간이 나서 중국현대미술관을 찾은 적이 있다. 마침 중국 현대 산수화전이 한참이었다. 전시장 입구에는 축하 화환이 여러 개 있었는데 한 결같이 모두가 너무 오래된 것이었다. 바짝 마른 시든 꽃과 나뭇잎들이 볼품없이 흐트러져 있었다. 나는 관람을 마치고 나오며 이렇게 훌륭한 산수화전에 너절한 화환을 그대로 방치해둔 주최 측을 비아냥거린 기억이 난다. 그러나 지금 돌이켜 생각해 보면 비록 시든 꽃이라도 활짝 피었을 때의 아름다운 모습을 생각하면 그렇게 비아냥거릴 것도 없었는데 하는 너그러운 생각이 든다. 모든 것이 내 성미에 맞지 않으면 오만하게 비아냥거렸던 혈기 방자했던 지난 시절이었음을 부끄럽게 되돌아본다.

그러나 나는 요즘도 때와 장소에 걸맞지 않게 지나치게 꾸민 화사한 꽃꽂이를 보면 뒤돌아서서 혀를 차곤 한다. 꽃꽂이의 꽃은 결코 남용하여서는 안 된다. 이유는 그 꽃송이 하나하나가 우리에게 아름다움을 선사하기 위해서 허리가 잘린 아픔을 간직하고 있기 때문이다. 꽃꽂이란 실내의 딱딱한 분위기를 사랑스럽게 바꿔 줄 수 있는 정도이면 족한 것이다. 따라서 꽃꽂이는 그 때의 공간과 분위기에 알맞은 모습이어야 하니 꽃의 규모와 꽃을 꽂고 놓는 위치 역시 매우 세련되어야 하며, 아름다우면서도 동시에 절제된 모습을 보일 때 더욱 빛난다.

그러나 대지에 뿌리를 내리고 있는 꽃은 상황이 다르다. 대지의 꽃은 갖추어야 할 어떠한 격식도 없고 까다로움도 없다. 그저 있는 그대로면 되고 또 많으면 많을수록 아름답고 훌륭하다. 내가 캐나다 빅토리아에 처음 왔을 때 세계적으로 유명한 부차드 가든 Buchard Garden을 찾은 적이 있다. 지금부터 100년 전 이곳은 석회석을 모두 캐고 난 흉측하고 삭막한 폐광이었다. 이 광산의 안주인 마담 부차드는 폐광에 수많은 부엽토를 깔고 꽃을 심었으며 깊게 패인 갱에는 물을 채워 아름다운 폭포와 호수를 만들었다. 그리고 이 환경파괴적인 폐광을 세계에서 가장 아름다운 정원으로 가꾸었다. 지금부터 100년 전! 실로 진취적이고 기가 막힌 훌륭한 구상이었으며 멋진 여장부였다.

처음 부차드 가든을 방문했을 때 나는 사실 '좋다' 라기 보다는 무엇인가 오랫동안 간직해왔던 소중함을 잃어버린 듯한 충격을 받았다. 그 동안 나는 꽃은 항상 아름답고 고귀한 것, 그래서 언제나 아

껴서 잘 보고 깔끔하게 간직해야 하는 것으로 느꼈을 뿐이다. 그런
데 이 정원에는 사람 다니는 작은 인도를 제외하고는 모든 공간에
화사한 꽃들이 너무 많이 심어져 있었다. 처음 이곳을 방문한 나에
게 숨이 막힐 듯 많았던 꽃은, 아름다움을 감상하기에 앞서 꽃의 진
귀한 소중함을 상실하는 듯한 안타까움을 느끼게 하였다. 캐나다
사람들이 가장 살고 싶어 하는 이곳 빅토리아는 도시의 구석구석
에, 그리고 각 집의 정원마다 꽃들로 가득 차 있는 전원도시이다.
물론 기후가 좋아서이기도 하지만 맑고 깨끗한 환경을 더 아름답게
가꾸고 싶어 하는 이곳 사람들의 환경 친화적 가치관 때문이기도
하다.

나는 지난 봄 실험실 일로 일시 귀국한 적이 있다. 그리고 부산에
서 며칠을 지내면서 또 한 번의 충격을 맛보았다. 예전에는 전혀 몰
랐었는데 내 고향 부산은 왜 이리 꽃이 없는 삭막한 모습뿐인가! 기
리가 그렇고 관공서가 그렇고, 밀집해 있는 아파트촌이 그랬다. 꽃
이 있었으면 좋았을 공간에는 쓰레기, 먼지 그리고 부패한 냄새가
자리 잡고 있었다. 예전에는 우리 학교 수산과학연구소가 있는 동
백섬에는 꽃이 많다고 자랑스럽게 이야기하곤 했는데, 몇 개월 만
에 다시 본 동백섬은 공원치고는 꽃이 너무 빈약했다. 그저 들어가
는 입구 산 쪽으로 띄엄띄엄 피어난 영산홍이 전부였다. 마침 동백
섬이 제일 아름답다고 이곳으로 봄 소풍 나온 유치원 어린이들이
앙증스러운 꽃처럼 예쁘게 보였을 뿐이다. 마침 이날은 어느 여자
중학교의 야외학습 일이었는지 많은 여학생들이 캔버스를 들고 동
백섬 인도 아스팔트에 주저앉아 그림을 그리고 있었다. 우리의 어
린이들이 소풍 갈 수 있는 곳이 겨우 이런 곳 밖에 없나 하는 생각
을 하니 갑자기 마음이 서글펐다. 여하튼 나는 지난 부산 방문이후
꽃에 대한 생각이 많이 달라졌다. 땅에 뿌리를 내리고 있는 살아있
는 꽃은 많으면 많을수록 좋으며 아무리 많아도 지나치지 않다는

것이다. 꽃이 있는 자리에는 결코 더러움이 함께 할 수 없기 때문이다.

그 이후 빅토리아에서 생활하며 나는 꽃에 대한 애착이 더욱 생겼다. 내가 이곳에서 가장 즐겨온 일은 비인 들판에 무리지어 피어 있는 들꽃을 보는 일이다. 연구소를 나와서 빅토리아공항이 있는 쪽으로 향하면 넓은 비인 언덕 들판이 나오고 이곳을 지나면 바닷가로 연결된 작은 오솔길이 나온다. 이 길은 다시 공항 뒤쪽의 한적한 농촌의 풍경으로 이어진다. 나는 점심시간에 거의 매일 이 길을 산보한다. 드넓게 펼쳐진 갯벌의 모습도 아름답고 목가적인 농촌의 풍경도 훌륭하지만 내가 제일 좋아하는 풍경은 한 겨울이 아니면 항상 만날 수 있는 공항 언덕 들판의 수많은 들꽃의 모습이다.

들꽃의 일반적인 특징은 결코 크지 않으며 항상 무리지어 피어 있다. 그리고 들판의 주인이 되었다가도 어느새 다음 꽃에게 주인 자리를 넘겨주고 사라진다. 이곳 언덕 들판에서는 2월이 되면 벌써 눈 속에서 피어나는 흰색의 스노 드롭snow drop이 아직은 추운 듯 조심스럽게 얼굴을 내민다. 3월이 되면 보랏빛 크로커스crocus가 뾰족뾰족 다투어 나오고 4월이 되면 청순한 노란색 수선화가 봄 들판을 차지한다. 그리고 어느새 수선화 사이로 우아한 자태의 야생 튤립이 입을 열기 시작한다. 5월이 되면 아주 작은 이름 모를 흰색의 데이지daisy가 눈부신 흰 카펫처럼 언덕을 덮고 6월이 되면 들판은 어느새 노란 민들레의 영토가 된다. 민들레는 넓은 언덕 들판에 앉아서 탁 트인 바다를 보며 바다가 불어주는 산들 바람에 맞춰 금물결의 춤을 춘다. 환상적인 아름다운 모습에 발걸음을 옮기지 못하고 물끄러미 바라보고 있으면 민들레는 '안녕하세요, 내일 또 오셔요' 하며 허리를 굽혀 온 몸으로 인사를 한다. 7월이 되면 타의 추종을 불허하는 요염한 양귀비가 보랏빛 분홍빛 진홍빛의 환상적인 옷을 입고 지나가는 나의 손매를 붙잡으면, 나는 한 송이 꺾어

품에 안아 보고 싶은 진한 유혹에 빠진다. 8월이 되면 언덕은 또 다시 꼬마 데이지의 천국이 되고 찬 서리 내리는 9월이 되면 굽힐 줄 모르는 야생 들국화가 마지막 비인 들판을 장식한다. 북극으로부터의 싸늘한 비바람이 불기 시작하는 10월이 되면 모든 꽃들은 새로운 봄을 기다리며 언덕의 땅속으로 사라진다.

나는 이곳 벌판을 산보하면서 발아래 웃음 짓는 한 떨기 야생화를 밟지 않으려 이리 저리 살피지만 꽃들은 '나를 기꺼이 밟고 가시옵소서' 하며 빈틈을 주지 않는다. 동료 교수와 제자들을 떠나 이곳 캐나다 연구소에서 나그네 같은 방문교수 생활을 하면서 이곳 벌판의 들꽃은 나의 가장 큰 벗이었다. 이제 연구년이 다 되어 고향으로 돌아가야 할 때가 되었다. 오랫동안 서로 헤어져 돌아오기를 기다리고 있을 동료와 제자들을 생각하면 어느새 가슴이 설레는데 막상 이 정든 곳을 떠난다 생각하니 석별의 정이 슬프기도 하다. 잠시 눈을 감고 작별의 인사를 하려하니 어느새 수많은 들꽃들이 나에게 다가와 속삭인다. '잘 가요. 그리고 우리처럼 항상 행복하세요' 라며.

(2000)

불꽃

산이나 들로 나가보면 이름 모를 많은 꽃들이 예쁘게 피어있어 발길을 멈추게 한다. 아무도 와 주지 않는 외진 곳에서 홀로 아름답게 피어있는 작은 꽃을 보노라면 도시 속에서 잃어버린 여유를 재발견하는 듯 하여 상쾌해 진다. 꽃이 만인의 사랑을 받는 이유는 가장 아름다우면서도 동시에 가장 겸손한 모습 때문이 아닐까. 겸손이 없는 아름다움은 최상의 아름다움이 될 수 없음을 몸소 실천해 보이듯 꽃은 오늘도 우리에게 말없는 교훈을 전해주고 있다. 이런 면에서 볼 때 아마도 꽃은 인류가 지속되는 한, 모든 이의 변함없는 사랑을 차지할 것이 확실하다.

그런데 그 많은 꽃들 중에서도 각 사람마다 또는 각 나라마다 특별히 좋아하는 꽃이 있다. 그 좋아하는 사유를 들어보면 언제나 그럴 듯하고 모든 이의 생각에 동감이 일곤 한다. 이와 같이 한 송이의 꽃을 통해서 세상의 모든 사람들이 서로 조건 없는 일치감을 형성할 수 있다는 것도 참으로 신비로운 일이다. 이와 같은 위대함도 꽃만이 갖고 있는 가장 아름다우면서도 가장 겸손한 모습 때문일 것이다.

현재 세계적인 꽃시장이 장미, 국화, 백합, 튤립, 글라디오르스, 신비디움 등의 순으로 형성돼 있는 점을 보면, 이들이 가장 폭넓은 사랑을 받는 꽃으로 볼 수 있다. 그런데 이와 같이 상업적으로 대량 재배된 꽃은 어딘지 모르게 근기가 부족해 보인다. 또 인간의 탐욕스러움이 묻어있어서 그런지 품위가 부족해 보이고 호감이 덜 간다. 역시 꽃은 대지에 뿌리를 내리고 스스로 피어날 줄 아는 야생의 꽃이 아름답다. 야생의 꽃은 일반적으로 크지 않고 옹기종기 모여 피는 특징이 있다. 역시 큰 것보다는 작은 것이 더 아름답고 많은 것 보다는 적은 것이 더 귀해 보인다. 작은 꽃들이 서로 화기애애하게 피어있는 모습은 작고 적은 것 속에서 더욱 큰 풍요로움을 느끼게 하고, 서로가 서로를 맞이하는 원시 협동의 참 모습을 보는 듯하여 좋다. 백합과 같이 큰 송이의 꽃은 때로는 우아한 멋을 보이기도 하지만 그 이면에서 오만의 그림자를 볼 수도 있다. 따라서 눈에 띄는 큰 한 송이의 우아함보다는, 소박한 작은 꽃들이 두런두런 둘러 앉은 모습이 더욱 정겹다.

꽃은 역시 향기가 중요하다. 향기가 없는 꽃은 조금은 건조해 보인다. 벌, 나비를 초대할 수 있는 잔치는 역시 꽃의 향기 때문이 아닌가! 꽃의 향기는 스스로를 위한 분장이 아니고 주위의 모든 이에게 베푸는 꿈과 희망의 잔치인 것이다. 그러나 꽃의 향기는 너무 진하지 않은 것이 더욱 품위 있다. 그저 맡을 듯 말 듯 하면서도 그 곁을 지나고 나면 아쉬운 듯, 바람결에 느껴지는 한 가닥의 맑은 향기가 아름답다. 강렬한 꽃향기 뒤에는 사람을 단순하게 하고 몽롱하게 하는 유혹의 덫을 느끼기 때문이다.

꽃잎의 색깔 역시 너무 강렬하지 않은 것이 좋다. 흑장미와 같이 불타는 듯한 색깔은 열정이 있어 좋다. 그러나 열정보다 아름다운 것은 역시 맑은 투명함이 아닐까. 열정 속에는 상대를 제압하는 위력이 있긴 하나 사람을 흥분시키고 일반적으로 오래가지 못하는 미숙함이 있다. 그러나 맑고 투명함은 상대를 스스로 머리 숙이게 하는 수준 높은 멋이 있기 때문이다.

꽃잎의 자태는 되도록 단순하고 단정할수록 아름답다. 비바람에 무수히 흩날리는 무질서한 꽃잎은 우리마음의 어느 한 구석을 산란케 하는 묘한 우울함이 있다. 이러한 현상은 목련과 같이 꽃잎이 크고 화사할수록 더욱 그러하다. 따라서 같은 종류의 꽃이라도 겹꽃보다는 홑꽃이 더 품위가 있어 보인다. 내가 겹 동백꽃이나 겹 치자꽃보다는 홑 동백꽃, 홑 치자꽃을 더 좋아하는 이유는 바로 이러한 단순함 속에서 때 묻지 않는 청순함을 느낄 수 있기 때문이다. 장미를 꽃의 여왕이라 하지만 겹겹이 숨겨져 쌓인 탐스러운 꽃잎 뒤로는 어딘지 모르게 비밀스럽고 상대를 찌를 수 있는 숨겨진 계략이 있는 듯 하여 한발자국의 거리를 두고 싶다.

꽃은 역시 마지막 순간에도 아름다워야 한다. 황홀한 모습으로 피었다가 추한 모습으로 시드는 꽃보다는 소박한 모습일지언정 정결하게 지는 꽃이 더욱 아름답다. 비바람에 나약하게 흩어져 떨어지는 꽃잎보다는 때가되면 꽃송이가 목을 베듯, 송두리째 떨어져 수북이 쌓이는 꽃! 이와 같이 생의 마지막 엄숙함을 보여주는 꽃은 더욱더 아름답다. 피어있는 모든 꽃이 다 아름답고 또 떨어져 흩날리는 꽃잎 역시 아름다운 꽃이 아니리오만은, 그 중에서도 가장 내 마음을 끄는 꽃 중의 꽃을 든다면 나는 주저 없이 분꽃을 말하곤 한다. 분꽃은 특별한 보살핌이 없어도 아무 곳에서나 스스로 피어나는 흔한 꽃 중의 하나이지만, 분꽃을 볼 때마다 나는 어머니의 잔잔한 미소를 보기 때문이다.

분꽃은 백합처럼 크지도 않고 대추 꽃처럼 작지도 않지만 언제나 내가 좋아하는 모습을 가득 품고 있다. 하트모양의 잎새는 특별히 예쁠 것도 없지만, 무성한 잎 사이에서 무리지어 피어나는 단색의 약간 진한 분홍 꽃모습은 예쁜 분홍치마를 곱게 차려입은 새색시의 모습과 같아 내 눈길을 안아간다. 분꽃은 분홍빛 자체가 던져주는 강렬하지 않으면서도 나약하지 않은 중용과 희망의 색깔이기에 더욱 아름답다. 하나의 꽃잎으로 가늘고 긴 초롱에 의지한 연약하고 단순한 형태의 분꽃은 겸손 그 자체인 듯하여 더욱 사랑스럽다. 분꽃은 그 향이 치자 꽃처럼 강렬하지 않고 스치는 바람결에 잔잔히 와 닿는 느낌의 향기를 갖고 있다. 치자 꽃향기가 30대 여인의 원숙하고 그윽한 향기라면, 분꽃 향기는 마치 청순한 새색시의 맑은 향 내음과도 같은 기분이다. 분꽃은 꽃의 크기에 비하여 꽃받침이 비교적 넓어 연약한 듯 하면서도 흔들리지 않는 조형미를 유지하고 있다. 또 분꽃은 겸손한 나머지 빛나는 태양아래서는 고개 숙여 입을 다물고 석양이 질 무렵이어야 수줍은 듯 살며시 고개 들어 입을 연다. 그리고 맑고 향기로운 모습으로 님을 맞이 한다. 분꽃은 시들지 않고 지는 꽃으로 때가 되면 꼭지 채 깨끗이 떨어져 땅에 떨어진다. 그리고 분꽃을 받쳤던 꽃받침은 어느새 온 생의 결정체인 설익은 씨앗을 정성스럽게 감싸고 있다.

분꽃은 결코 바람에 흩날림 없이 제자리에서 소리 없이 진다. 그리고 마지막에는 자신의 모습보다 훨씬 듬직해 보이는 단하나의 씨앗을 남길 뿐이다. 충성스러운 꽃받침은 씨앗이 까맣게 익어가도록 정성을 다해 보호한다. 그리고 깊은 가을이 되어 잎 새와 꽃받침 모두가 옷을 벗고 흙으로 환향하면, 늠름한 씨앗은 땅에 떨어져 돌아올 새 봄을 기약한다.

작은 콩알만 한 분꽃의 씨앗을 살펴보면 윤기도 없고, 다소 주름지고 예쁘지 못한 까만 모습으로 그다지 탐낼 것이 못된다. 그런데 그 씨앗을 깨어보면 생각보다 두텁고 튼튼한 막으로 형성되어 있고, 그 속에는 백옥처럼 흰 쌀알만 한 속 씨앗이 다시 나타난다. 참으로 실속 있고 건실한 모습이다. 겉으로는 화려하지 않으나 깊은

가슴속에 진주를 품고 있는 분꽃의 지혜로움을 보며 나 스스로의
안과 바깥은 어떤 모습인지 돌아보게 한다. 이 속 씨앗을 손으로 비
벼보면 고운 하얀 가루로 풀어진다. 옛날 우리의 어머니들은 이 하
얀 가루로 얼굴을 곱게 화장하고 그리운 님을 맞이했을 모습을 생
각하니 분꽃의 아름다움이 더욱 사랑스럽다.

　분꽃은 내 마음의 영원한 고향인 어머니의 꽃이기도 하다. 분꽃은
평생 드러나지 않는 희생의 몸짓으로 자식을 돌보시고 언제나 맑고
향기로운 영혼과 지혜를 심어주시며, 마지막 순간까지 지지 않고
고요히 스러지는 생의 엄숙함을 보여주신 어머니의 참모습이다. 오
늘도 석양이 질 무렵에야 고요히 입을 열어 속 모습을 잠시 보이는
분꽃 앞에서 나는 평생을 이러하셨던 어머니의 해맑은 미소와 눈빛
을 마주보곤 한다.

(1996)

춤추는 나무

가을에 접어드는 9월이 되면 어김없이 태풍이 찾아온다. 지난 주에도 '나비'라는 어울리지 않는 예쁜 이름의 태풍이 찾아와 한바탕 소란을 피우곤 물러났다. 가을의 문턱에서 항상 겪어야만 하는 크고 작은 태풍이 이제는 더 이상 낯설지 않다. 긴장 속에 대비 해야만 한다는 부담감은 있지만, 그저 어쩔 수 없이 맞이해야만 하는 불청객 같은 손님의 모습과도 같다.

그러나 적당히 찾아오는 태풍은 의외로 큰 도움이 되기도 한다. 인명과 재산의 피해만 없다면, 태풍은 우리 삶에서 없어서는 안 될 필수적인 손님이기도 하다. 사람이 더럽히고 어지러트린 온갖 오물과 곳곳의 찌든 때를 말끔히 청소해 주기 때문이다. 요즈음은 작은 쓰레기 하나도 돈을 주고 버려야만 하는 세상인데, 거저 모든 오물을 깨끗이 청소해주는 태풍이니 이보다 더 고마운 손님이 또 어디에 있겠는가. 태풍은 어떠한 기계로도 도저히 할 수 없는 바다 밑바닥의 썩은 흙까지 한 순간에 쓸어내 버리니, 바다에 기대어 살아가는 어민들로서는 태풍이 자주 오기를 오히려 빌어야 하는 처지이기도 하다. 태풍으로 인한 재앙과 이득을 생각하자면, 새삼 세상의 모든 것은 이렇게 상대적인 것임을 실감하곤 한다. 위기가 기회로, 단점이 장점으로, 독이 약으로 될 수도 있음을 우리는 자연의 태풍에서 실감하는 것이다.

그런데 태풍이 오는 계절, 벌거벗은 뿌리를 땅위로 들어낸 체 쓰러져 있는 고목들의 모습은 참으로 처참하다. 사실, 그 쓰러진 나무마저 없었다면 태풍은 우리를 더욱 사납게 할퀴고 갔을 것이다. 다행히 저 큰 나무들이 우리를 위해 온 몸으로 비바람을 막아주다 쓰러졌음을 고마워하지 않을 수 없음이다. 그래서 인지 태풍에 쓰러진 고목들의 모습은 언제나 나의 마음을 황망하게 하곤 한다. 삼림을 중요시 하는 선진국일수록 오래된 고목 한그루의 생명을 마치사람 목숨 다루듯 한다는데, 이는 너무나 지나친 과장의 표현일까? 태풍이 오는 계절이 되면 나는 새삼, 해묵은 한그루 고목의 묵묵한삶을 생각해 보곤 한다.

사실 나무처럼 우리에게 모든 것을 베푸는 생물이 또 어디에 있을까? 살아서는 공기를 맑게 해주고, 비바람을 막아주고, 또 그늘의쉼터도 만들어 주고, 죽어서는 목재로서 우리의 삶을 윤택하게 하니, 이보다 더한 은혜가 어디에 있으랴. 어디 이 뿐인가. 나무는 우리에게 끊임없는 아름다움도 전해주지 않는가. 연두 빛 새싹의 순수함이 그렇고, 꽃봉오리의 설렘, 만개한 꽃의 화사함, 낙엽 지는단풍의 장엄함, 겨울나목의 영원한 안식감 등, 마치 사람의 삶의 과정과도 같은 아름다움을 보여주고 있다. 외에도 오래된 나무의 의젓한 수형樹形이라거나 또는 수피樹皮 등을 감상하는 것도 큰 즐거움이 되곤 한다. 나는 이러한 아름다움 이외에도 꼭 이야기 하고 싶은 나무의 아름다움이 또 하나 있는데, 바로 춤추는 나무의 모습인것이다.

나무는 결코 홀로 춤출 수 없기에 춤추는 나무의 모습은 장관이 아닐 수 없다. 역시 나이가 어린 작은 나무보다는 해묵은 고목의 춤사위가 더욱 장관이다. 또 가지가 옆으로 퍼진 나무보다는 미루나무나 메타세쿼이아처럼 가지가 하늘을 향해 높이 곧게 뻗은 나무의 춤사위가 더욱 멋지다. 거대한 나무가 바람을 타고 때때로 가지끼리 부딪히는 타악기 소리에 맞춰 창공에서 춤사위를 공연하는 것이다. 그 모습을 음악적으로 해석한다면, 정해진 악보를 따라 연주하는 클래식이라기보다는 즉흥적으로 스윙하는 느낌의 음악, 베이스 재즈와도 같은 것이다.

사실 나무에게 있어 바람은 생존을 위한 절대적인 것이다. 바람이 있기에 나무는 자신의 씨앗을 멀리 퍼뜨려 번성 할 수 있고, 묵은 잎을 떨 구고 새 잎으로 쉽게 옷을 갈아입을 수 있음이다. 또 바람이 있기에 나무는 쓰러지지 않으려고 뿌리를 땅 속으로 더욱 깊고 넓게 펼치게 되고, 그 힘으로 누구의 도움도 없이 대지 위에 홀로 의젓이 서 있을 수 있는 신비의 모습을 보이는 것이다.

이렇듯 잔물결이 일 듯한 적당한 바람은 나무를 더욱 아름답게 진화시킨다. 하지만, 태풍이 몰아칠 때의 나무의 흔들림은 더 이상 아름다운 선율의 재즈도 아니고 춤사위도 아니다. 뿌리는 이미 나뭇잎이 모두 떨어지고 잔가지가 잘라져 나간 나무의 몸통을 부여잡고, 온 힘을 다해 쓰러지지 않으려고 사투를 벌리는 모습이다. 바람이 거세게 몰아칠 때의 나무의 모습이란 고통스러운 현실을 견디기 위한 처절한 생존의 몸부림으로, 또 하나의 장엄한 모습인 것이다. 큰 가지가 찢어지는 아픔은 그래도 다행이지만, 몸통이 통째로 꺾인다거나 견디다 못해 뿌리가 뽑히며 쓰러지게 되면, 말 그대로 거목이 타계한 슬픔이 되는 것이다.

대를 이어오며 안식과 아름다움을 베풀어 주고, 또 때로는 춤까지 추어주며 우리를 반기던 해묵은 고목이 한 순간의 폭풍에 쓰러진다면 그 슬픔과 아쉬움을 어찌 말로 형언 할 수 있으랴. 아마도 그래서, 오랜 나무 한 그루의 생명을 사람의 목숨에 비교한 문화인들의 그 애절하고 깊은 마음에 충분한 공감이 가는 것이다.

　지난 2003년 9월 '매미' 태풍 때, 내가 머물던 동백섬 연구소의 송림은 마치 폭격을 맞은 듯 했다. 꺾기고 쓰러진 칠팔십년 이상 묵은 곰솔들을 낯선 사람들이 전기톱으로 마구 베어내야만 했던 당시의 처참한 모습이 이제는 잊힐만 했는데, 또 다시 '나비' 태풍은 뜰 안의 살구나무를 처참한 모습으로 만들고 떠났다. 집 안의 여러 나무 중 꽃과 향과 과일이 백미였던 제법 해묵은 살구나무가 나비 태풍을 견디다 못해 몸통이 반으로 찢어져 버렸다. 아무리 살펴보아도 내년 봄 다시 소생하기 힘들 것만 같다. 설사 살아남는다 해도 정상적인 나무의 모습을 갖추긴 불가능한 상태가 되고 말았다. 사람으로 본다면 사지가 끊어진 불구의 모습이 되었는데도 살구나무는 여전히 아무 말이 없다. 그저 있는 그대로의 자신의 처지와 화해하고 모든 것을 수용했나 보다. 애처로운 눈으로 바라보는 나에게 살구나무는 몇 개 안 남은 이파리를 흔들며 나를 위로하는 듯하다. '태양아래 변하지 않는 것은 아무것도 없으니, 지난 아쉬움에 연연하지 마시고 이젠 그만 잊어버리세요' 라며.

(2005)

낙엽을 쓸며

올 가을 단풍은 매우 고울 것으로 기대되었다. 그러나 가을철의 긴 가뭄과 고온 현상으로 단풍이 들기도 전에 칙칙한 마른 잎으로 변하고 있어 아쉬움을 남기고 있다. 푸르고 높은 가을 하늘, 쌀쌀한 듯 선선한 공기, 따사한 가을 햇살, 익어가는 황금 들판, 가을 과일들의 눈부신 반짝임, 맑고 고우면서도 불타는 듯한 단풍, 그리고 떨어지는 낙엽 등, 가을을 예찬하기에는 한이 없다. 가을은 역시, 새로운 생명을 탄생하는 환희의 계절인 봄과는 비교 할 수 없는, 또 다른 경탄의 계절이다. 아마 그래서 가을은 수확의 계절, 사색의 계절, 남자의 계절이라 일컫나 보다. 그러나 역시 가을의 백미는 고왔던 단풍이 작은 미풍에 우수수 마치 나비 춤추듯, 땅위에 내려앉는 모습이 아닌가 생각된다. 이제는 10월 하순, 가을 늦더위에 항상 푸를 듯만 하던 나뭇잎들도 요즘은 부쩍 낙엽으로 떨어진다. 역시 계절은 어김없이 다시 돌아오는 법이다.

봄에 새 순이 나면서 묵은 잎이 떨어지는 상록수는 항상 푸르게 보인다. 그러니 활엽수처럼 가을에 단풍이 들고 낙엽으로 떨어지는 모습이 눈에 확연히 드러나지 않는다. 상록수의 매력은 사시에 늘 푸르고, 변함없는 그 의젓한 모습이리라. 한국인 10명중 4명은 가장 좋아하는 나무로 소나무를 꼽고 있다하니 아마도 이러한 상록수의 멋스러움 때문이리라. 활엽수는 상록수와는 달리 계절의 변화를 정확히 알리며, 태어나고 성장하고 늙어가고 죽어가는 우리네 인생의 모습을 그대로 대변한다, 그러니 말없이 서 있는 한그루의 커다란 활엽수는 우리에게 삶의 인내를 가르치고 도리를 일깨우는 스승과도 같은 모습이다.

요즈음 가을 활엽수들이 단풍 들고 낙엽 지는 모습을 보노라면 각양각색이다. 나무의 종류와 지역은 물론, 연령과 건강상태, 나무가 서 있는 자리의 미소환경 등에 따라 그 모습이 모두 다르다. 똑같은 나무라도 가로수로 심어진 나무는 공해 때문에 칙칙할 뿐 아니라 비교적 일찍 낙엽으로 떨어진다.

일반적으로 보면 단풍나무, 벚나무, 물푸레나무와 같이 잎이 비교적 작고 얇은 종류는 목련이나 칠엽수, 플라타나스처럼 잎이 크고 두꺼운 종류에 비해 단풍도 곱고 떨어지는 모습도 아름답다. 역시 작은 것이 아름답다는 말을 실감케 한다. 한방에서는 땅 위에서 나오는 한약재 가운데 대추의 양기가 가장 높다고 한다. 또 대추나무는 다른 나무에 비해 봄의 새싹이 매우 늦게 나오는 특징도 있다. 그러나 대추 잎은 초가을만 되면 맥없이 낙엽이 지고마니, 나무들의 낙엽 지는 순서는 한방에서의 양기와는 별 관계가 없는가 보다. 이와 같이 나무들의 낙엽 지는 모습은 천태만상이다.

이제는 제법 조석으로 쌀쌀하다. 그래서인지 마당에 낙엽이 쌓이기 시작한다. 예년에 비하면 늦은 편이지만 올 가을에도 어김없이 마당의 나무들은 잎을 떨구고 있다. 요즈음 나는 아침에 일어나 두툼한 운동복을 걸치고 현관문을 나가 밤새 떨어진 많은 나뭇잎과 아침 인사를 한다. 선선한 아침 공기를 깊이 들여 마시며 싸리 빗자루를 들고 낙엽을 쓸어내는 일은, 이 계절에만 맛볼 수 있는 또 하나의 즐거움이다. 가을 낙엽을 치우는 일은 일상의 잡다한 쓰레기를 치우는 일과는 분명 다르다. 마치 삶 속에서 버리고 떠나기를 체험하는 듯하니, 일이라기보다는 어쩌면 명상을 하는 것과 비슷한 기분이기도 하다.

올해 처음으로 마롱이 열린 서재 옆의 칠엽수 마로니에는 무엇이 그리 급한지 벌써 모든 잎을 떨 구고 겨울채비를 한 것 같다. 우물 옆 고목 감나무와 호두나무는 매일 잎을 떨 구고 있다. 지난봄에는 죽은 듯한 가지에서 새싹과 함께 꽃 잔치를 벌였으며, 여름에는 우거진 녹음의 위용을 자랑했던 당당한 모습들이었는데, 이제는 빗질의 쓸어냄을 당하는 낙엽의 신세가 된 것이다. 땅에 떨어진 낙엽을 보면 이미 바짝 마른 것도 있고, 어떤 것은 여전히 고운 단풍의 자태를 보이는 것도 있다. 또 어떤 것은 진한 녹색의 잎인데도 낙엽으로 떨어져 뒹구는 것도 있다. 이런 낙엽을 자세히 살펴보면 십중팔구는 병든 반점의 흔적이 있거나 또는 벌레들에게 식해 당한 모습을 쉽게 볼 수 있다. 아직은 가지위에서 위용을 지켜야 할 푸른 잎이 떨어져 뒹구는 모습은 우리의 마음을 쓸쓸하게 하기도 한다. 사람으로 보면 수를 다하고 자연스럽게 늙어 묻히는 것이 아니라, 때이른 젊은 나이에 병이나 사고로 세상을 하직하는 모습과 흡사하기 때문이다. 그러니 싸리 빗자루로 낙엽을 거칠게 쓸어 내는 듯하지만, 사실 마음속으로부터는 낙엽 한 잎 한 잎에 눈길이 가지 않을 수 없음이다.

요즈음 아침에는 가을 샛바람이 불기 시작하는지 자두나무 가지에 걸어놓은 대나무 풍경이 '둥둥둥' 타악기 연주를 하곤 한다. 낙엽을 쓸다 풍경소리에 고개를 들어 위를 본다. 아직은 녹색이 확연한 커다란 목련 잎 하나가 스스로를 추스르지 못하는 듯 볼품없는 모습으로 추락하기도 하고, 작은 홍단풍 잎들은 바람결에 우수수 나비춤을 추며 가볍게 내려앉고 있다.

　때가 되면 모두가 원래의 자리로 돌아간다는 것은 사람이나 나무나 마찬가지이다. 어떤 사람은 생을 마감하고 돌아가는 그 모습이 너무나 무겁고 질긴 듯하여 주위사람을 우울하게 하기도 한다. 그러나 또 어떤 사람은 나비 춤추듯 산뜻하게 떠나는 모습을 보여, 우리 모두는 마치 큰 선물이라도 받은 듯 스스로 만족해하기도 한다. 아름다운 모습으로 돌아가려면 역시 소유했던 모든 것을 나누어 주고 스스로 가볍고 작아져야만 하리라. 아직도 녹색의 엽록소가 남아 있는 목련 낙엽은 스스로 무거울 수밖에 없으니, 어찌 모든 유기물을 다 내어주고 스스로 바짝 말라 버린, 작은 홍단풍 낙엽의 아름다움을 따라 갈 수 있겠는가. 그래서 나는 오늘 아침도 싸리 빗자루를 들고, 춤추며 내려앉는 홍단풍 한 잎을 잡아 보려 마당을 서성이나 보다.

(2006)

노년과 낙엽

　벌써 백로가 지나서인지 우물 뒤편의 감나무는 아침마다 묵은 잎을 수북이 떨어내고 있다. 그렇지 않아도 우물가는 항상 젖어 있기 마련인데 올해는 유난히 비가 자주 와서 뒤뜰 우물가 주변이 항상 질척하다. 요즘 나는 아침에 일어나면 가지만 남은 대빗자루로 우물가를 쓸어내는 것이 첫 일이다. 매일 쓸어내지 않으면 낙엽은 어느새 물에 젖어 우물가 주변 바닥에 찰거머리처럼 붙곤 한다. 찔리면 상처가 날 정도로 빳빳한 대빗자루로 제아무리 쓸어내려 해도 낙엽은 본드로 풀칠이라도 한 듯 오기를 부리며 결코 쉽게 떨어지려 하지 않는다. 결국 장갑을 벗고 손톱 끝으로 하나씩 떼어 내어 쓰레기통에 넣어야 하니 아침부터 젖은 낙엽 치우기란 그리 유쾌한 일은 아니다.

　젖은 낙엽을 보면 귀찮아 쓸어버리면서도 내 마음 한 군데 애잔한 동정심이 일곤 한다. 지난봄 죽은 듯한 가지에서 움을 트며 연두 빛 새싹이 나고 푸르른 잎이 되더니 어느새 다른 잎보다도 훨씬 먼저 늙어 쓸쓸한 낙엽이 되었기 때문이다. 나무로부터 버림받은 신세가 된 것만도 서러운 일인데 송곳 같은 대 빗자루에 사정없이 찢기며 아무도 반기지 않는 귀찮은 존재가 되고 말았으니 낙엽의 그 서러운 심정이 오죽할까 하는 일말의 동정심이 가기도 한다. 그래서 낙엽은 마지막 오기를 부리듯 떨어지지 않으려 안간힘을 쓰나보다.

"시몬, 너는 좋으냐? 낙엽 밟는 소리가, ~ 가까이 오라 우리도 언젠가는 낙엽이 되리니." 젊은 시절 가을이면 꽤나 즐겨 낭송하던 구르몽의 시詩 '낙엽'이다. 그런데 요즘은 이렇게 아름다운 낙엽의 모습보다는 비에 젖어 처량한 모습의 낙엽이 또 다른 불안한 모습으로 내게 다가오는 것이다. 나도 언젠가는 낙엽이 될 텐데, 주위사람들에게 낙엽 밟는 고요한 즐거움은 주진 못하고, 비에 젓은 찢어진 낙엽처럼 고집스럽고 모두에게 성가신 신세가 되면 어쩌나 하는 걱정이 앞서기 때문이다.

이제 학교에서도 원로 선배 교수님들이 한 분 두 분 많이 떠나셨다. 저 선생님은 생전 늙지도 않고 정년도 없을 것 같았는데, 지난 8월에도 가까이에서 뵙던 두 교수님이 어김없이 정년을 맞으셨다. 흐르는 세월은 창검으로도 막을 수 없다더니 교정을 떠나는 교수님들의 모습에서 무상한 세월의 흐름을 실감할 뿐이다.

노년! 사람은 살만큼 살다가 때가 되면 어김없이 떠난다. 생물학적 관점에서 보면 신께로 돌아가는 일종의 다리 역할을 하는 것이 노년인지도 모른다. 그렇다면 노년은 참으로 아름다운 것이고 위대한 완성의 시기임이 확실한데, 그래도 역시 노년이 된다는 것은 인간적으로 볼 때 서글픈 모습이 아닐 수 없다.

동서고금의 인간사를 보더라도 노년은 기쁨보다는 외로움이, 그리고 생산적이라기보다는 비생산적인 면이 많다. 그래서 때가 되면 너무 늦지 않게 떠나는 것이 좋은 것이라는 쓸쓸한 생각이 더 먼저 느껴진다. 사람이 노년이 되면 제 아무리 스스로 쟁취하려해도, 본인의 뜻과는 달리 사회로부터 일방적으로 소외 당하고 부여 받는 삶이 되곤 한다. 아마 이것이 바로 노년의 특징이요 일종의 노년문화인지도 모른다.

나는 얼마 전 원로 서양화가 박서보 선생의 전시회에 갔다가 큰 감명을 받은 바 있다. 선생께서는 다 잘 알듯이 홍익대학에서 정년을 하신 우리나라 모노크롬monochrome의 대표적 화가이시며, 묘법描法이란 제목으로 동양적인 자연사상을 서양화법으로 표현하시는 세계적인 화가이시다. 선생께서는 고희古稀를 훨씬 넘기신 지금에도 "젊은이들이여, 나를 추월하려면 추월해 앞으로 가시오"하시며 하루에 열대여섯 시간을 참선參禪 하듯 작품에만 전념하고 계신다. 선생께서는 비록 노년이시기는 해도 사회로부터 일방적으로 부여받는 삶이 아니라 스스로 쟁취하는 삶을 보여주는 대표적인 모범인 것이다.

노년이란 단순히 나이에 비례하는 것은 아니다. 실제로 나이가 젊어도 스스로 쟁취하려는 노력이 없다면 이는 낙엽과 같이 부여받는 노년을 사는 것이요, 나이가 많아도 박 화백과 같이 젊은이와 추월 경쟁을 기꺼이 제의 할 수 있는 사람이라면 그는 아직도 무성한 녹음인 것이다. 그러나 더욱 안타까운 일은 실제로 낙엽과 같은 노년이 되었음에도 젖은 낙엽처럼 움켜쥐고 고집을 피우는 모습은, 노년을 더욱 쓸쓸하게 하는 우리 모두의 서글픔인 것이다.

(2003)

내가 본 천국, Lasqueti

휘리를 타고 갈 때부터 느낌이 조금 달랐다. 분명 라스케티 Lasqueti 섬으로 가는 휘리는 이쪽 길로 가라는 표시가 있었는데, 부두에 도착했지만 어디가 휘리를 타는 곳인지 도무지 알 수가 없었다. 요트가 빼곡히 찬 부두를 눈을 씻고 찾아보았으나 표 파는 곳도 휘리도 없었다. 한 두 사람에게 물어 보았다. 그러나 모두가 잘 모르겠다고 답할 뿐이다. 결국 나는 길을 잘못 들어왔나 싶은 생각에 차를 돌려 들어왔던 길을 다시 되돌아 나갔다. 큰 국도 변까지 몇 km를 나가 표지판을 다시 보니 라스케티로 가는 휘리는 분명 내가 들어갔던 길이 확실했다. 캐나다에서는 주소만 있으면 아무리 복잡한 곳도 다 찾아가는데 공공장소인 휘리 부두를 찾을 수 없다니 아무리 생각해도 이상한 일이었다. 날씨가 너무 더워 아무 데도 가고 싶지 않다는 아내를 겨우 설득해서 함께 떠나왔는데 휘리 타는 곳도 찾지 못하고 헤매고 있으니 아내의 눈치가 보이는 것이 당연하다. 옆의 아내를 흘끔 쳐다보니 아내 역시 이상하다는 듯 주변을 살펴보고 있었다.

　골든박사의 메일에는 분명 이곳에서 오늘 오전 10시 훼리를 타고 들어오라고 했는데, 그리고 지금쯤은 배를 타야 할 시간인데 하는 생각을 하다 보니 내 마음도 급해졌다. 훼리 부두를 상징하는 엥카 표시의 이정표를 보며 나왔던 길을 다시 되돌아 들어갔다. 결국 부두에 있는 여러 사람에게 물어물어 겨우 훼리를 찾을 수 있었다. 그런데 더욱 이상한 것은 내가 길을 물어본 그 사람들의 표정이다. 그들은 하나같이 나를 이상하다는 듯이 쳐다보며 "라스케티에 친척이 살고 있느냐?", "무슨 일로 그 섬을 가려하느냐?"는 등 오히려 나에게 되묻지 않는가. 그들의 표정은 우리 내외를 의심하는 듯도 했고 막연히 우리를 부러워하는 듯도 한 그런 표정이었다. 이곳이 초행인 나로서는 묘한 이방인의 감정과 여행 중의 긴장감이 뒤섞여 마치 도깨비에 홀린 얼떨떨한 기분이었다.

　말이 훼리지 배를 타고 보니 그저 스무 명이나 탈만한 조그만 트롤어선을 개조한 것 같았다. 보통 캐나다에서의 훼리는 호화로운 유람선같이 시설이 크고 자동차로 진입하는 것이 보통인데 이 훼리는 자동차는커녕 사람도 몇 명 탈 수 없었다. 출발시간에 늦지 않게 훼리를 찾은 안도감에 나는 아내의 손을 잡고 바로 배에 올랐다. 그런데 이미 배를 타고 있던 주위 사람들의 모습을 보니 무언가 분위기가 조금 달랐다. 우선 복장이 단정해 보이는 사람이 아무도 없었다. 좋게 말해 대단히 캐주얼 하다고 할 수 있지만, 내가 보기에는 솔직히 모두가 세상물정을 모르고 사는 거지들 같았다.

　배가 떠날 무렵이 되자 허리에 돈지갑을 찬 너절하지만 순박해 보이는 어떤 장발의 사내가 오더니 승객에게 직접 돈을 받는다. 모두들 꼬깃꼬깃 접힌 낡은 지폐를 바지 주머니에서 찾아 건넨다. 그런데 더 놀라운 것은 돈을 주고받는데 표를 주는 것도 아니고 또 영수증 같은 것도 없다. 내가 어렸을 때, 여름이면 종종 가족이 함께 한강을 건너 지금의 여의도 모래밭에서 찜질을 하며 물놀이를 하곤 했는데 그 당시 나룻배 탈 때와 똑같은 방법이었다. 돈을 주고받는 일이라면 칼보다 더 무서운 이곳 사람들인데, 이렇게 대충대충하는 모습을 보니 훼리를 찾는다고 애썼던 긴장감도 녹여주고 오히려 마음을 편하게 하는 정겨운 신선함도 느껴졌다. 확실히 이곳은 조금 이상한 동네였다. 승객도 몇 안 되고 몇 십 년 전의 한강 나루터처럼 손님을 맞이하는 모습을 보니 내가 훼리 타는 곳을 찾지 못해 헤맨 것이 뒤늦게 수긍이 갔다. 정말 캐나다에서는 볼 수 없는 특별한 예외의 모습이었다. 단정하지는 않지만 사슴처럼 눈빛이 순해 보이는 그들과 함께 뱃머리에 앉았다. 그리고 싱그러운 바닷바람을 맞으며 근 40분이 지나 우리는 보잘 것 없는 라스케티 선착장에 도착했다.

이곳 섬에는 해양미세조류를 대량으로 배양하고 조개류를 인공 종묘 생산하는 '이노베이티브Innovative'란 세계적으로 꽤 알려진 벤처 양식업체가 있다. 이곳에서 취급하는 내용이 나의 전공과 유사한 분야이기 때문에 나는 오래 전부터 이곳을 방문하고 싶었다. 그러나 이 업체가 이렇게 오지의 작은 섬에 있는 줄은 사실 모르고 있었다. 처음 만나보는 골든박사가 선착장에서 우리 내외를 맞이했다. 그 역시 복장이 매우 캐주얼했다. 더운 여름인데도 긴 장화에 두꺼운 파카를 입고 있었다.

그는 우리를 선착장 위에 있는 자동차로 안내했는데 그 차를 보고 얼마나 놀랐던지. 요즘은 볼 수 없는 몇 십 년 전의 웨건 모델 같아 보였다. 철판은 거의 부식되었고 의자에 앉아보니 쿠션이라곤 전혀 없었다. 마치 녹슨 용수철에 헝겊 씌운 듯 했다. 더욱이 놀라운 것은 차 앞뒤로 아무런 번호판도 없었다. 차에는 흙먼지가 얼마나 많이 쌓였는지 오직 앞 유리창만이 앞을 볼 수 있을 정도였다. 도저히 굴러갈 것 같지 않은 차였다. 그래도 그는 우리말고도 어떤 한 사람을 더 태웠다. 그리고 하늘이 거의 안 보이는 짙푸른 숲 속으로 먼

지를 휘날리며 운전해 갔다. 우리와 함께 탄 남자는 오십대 후반쯤
으로 보였는데 낡은 종이상자를 귀중한 물건인 듯 양손에 가득 들
고 있었다. 골든박사와 다정한 사이로 보이는 그 역시 복장은 매우
캐주얼 했는데, 바로 옆 좌석에 앉아서 본 그의 눈빛은 아무 욕심도
집착도 없는 요즘 세상을 살아가는 사람과는 사뭇 분위기가 달랐
다. 조금을 가다 그가 내리고 나서 골든박사는 이곳 섬의 내력을 설
명해 주기 시작하였다.

벤쿠버와 벤쿠버 섬Vancouver Island 사이에 위치한 이 작은 라
스케티 섬은 원래 무인도였으나 1970년대 초 월남 전쟁이 끝나면서
그 당시 젊은이들의 유행이었던 히피족들이 집단으로 이 섬에 이주
하면서 사람이 살기 시작했다 한다. 섬의 넓이는 정확히 뉴욕의 맨
하턴과 같은데 인구는 불과 100여명에 불과하다. 즉 이 섬은 현대
문명의 이기를 스스로 거절하고 아무 구속 없이 살고 싶어 하는 히
피 공화국이 된 셈이다. 그들은 그들만의 환경을 보호할 목적으로
주 정부에서 해주겠다고 하는 섬 내의 도로 사업을 극구 사양했다.
캐나다에서는 주민들이 반대하면 도로를 낼 수 없으니 히피주민들
의 단합된 뜻으로 섬에는 포장된 도로가 전혀 없다. 이는 육지의 자
동차가 섬으로 들어오지 못하게 하기 위한 히피들의 지혜로운 작전
이었다. 히피가 아닌 사람은 들어와서 살 수 없는 주거환경을 자연
스럽게 정착시킨 것이다.

결국 히피족들은 라스케티 섬을 그들만의 천국으로 만든 셈이다.
지금은 여름철이라 해가 길어 일주일에 한번 씩 배가 다니지만 겨
울이 되면 배 운항이 없다 한다. 전기가 필요한 사람은 자동 발전기
를 이용하는데 대부분은 전기가 없던 옛날처럼 등잔이나 초를 이용
하며 생활하고 있다. 물론 학교도 병원도 없다. 그들은 거의 모든
것을 섬 안에서 자급자족하며 원시인처럼 최소한의 것만으로 생활
하고 있다. 곡물과 야채 등은 간단히 경작하고, 육류는 사냥으로 생

선은 낚시로 해결한다. 이 섬에서 경제활동을 하는 사람은 골든박사 외에는 아무도 없는 셈이다. 그들은 이 섬에서 공공연하게 양귀비나 대마초 같은 것을 즐기는데, 가끔 육지로부터 생활에 필요한 최소한의 물품을 구입하는데도 그들이 재배한 금지된 식물을 적당히 이용한다고 넌지시 귀띔을 해준다. 그들은 히피족들이니 당연히 결혼이라는 굴레도 없이 때로는 같이 어울려 지내고 때로는 마음대로 홀로 지내기도 한다. 단지 2주에 한번 씩 문을 여는 주 정부에서 지원하는 간이 우체국만이 유일한 문명의 혜택인 것이다. 골든박사는 원시의 밀림처럼 깊은 숲 속에서 요리조리 나무 기둥을 피해가며 도저히 굴러갈 것 같지 않던 고물 차를 잘도 몰았다. 그의 이런저런 이야기를 듣다보니 부두에서 나를 이상하게 쳐다보던 사람들의 표정을 알 수 있었다. 그리고 함께 배를 타고 왔던 사람들이 모두 요즘세상 사람 같지 않았던 이유도 비로소 이해하게 되었다.

차가 바닷가에 이르자 그는 갑자기 차를 세웠다. 이제 다 왔나 싶어 내리니 이곳부터는 더 이상 차로 갈 수가 없어 양식장까지는 다시 보드를 타고 가야했다. 여름인데도 긴 장화와 파카를 입은 그의 복장을 비로소 이해할 수 있었다. 번호판도 없는 이 고물 차는 바닷가 나무아래 그냥 놓아두고 우리는 암반 바위에 메달아 놓은 그의 모터 보드로 약 30분 거울 같은 해면 위를 날아 갈 듯 질주했다. 스쳐가는 섬 해변의 풍광이 기가 막히게 아름다웠다. 사람의 손이 전혀 닿지 않은 태고의 모습 그리고 천국의 자연이 바로 이런 모습이리라! 이따금 태평양의 온 바다가 한눈에 내려다보일 듯한 산언덕 모서리 위에, 히피족들이 살고 있는 집인지 어설프게 만든 판잣집들이 한 채씩 보일 뿐이었다.

그의 양식장 부근에 도달하니 까만 도베르만인 그의 애견이 주인 배의 엔진소리를 듣고 윙윙거리며 뛰어 내려왔다. 그의 집 역시 전망이 훌륭한 산언덕 바위 위에 있었는데 바람이 세게 불면 모두가 날릴 듯한 히피들의 판잣집과 비슷했다. 그는 이곳에서 형과 함께 아흔이 넘은 노모를 모시고 살고 있었다. 물론 그도 그의 형도 모두가 독신이다. 형은 간호사의 재주가 있어 어머니를 돌보며 집안일을 하는 것이 임무고, 자기는 이 사업장을 운영하는 것이 임무라며 웃으며 알려준다. 마침 그날은 어머니가 육지의 병원을 가야 할 일이 있어 형이 모시고 나갔다 한다. 그가 살며 양식하는 이곳은 내가 지금까지 살아오면서 본 가장 아름다운 해변인 동시에 세상으로부터 가장 멀리 격리된 오지였다. 또 그의 실험실에는 50세 정도 되어 보이는 체구가 남자처럼 건장한 한 여자 테크니션이 있었다. 그녀는 약 1시간 정도의 거리인 '텍스타Texta'란 섬에서 매일 아침저녁으로 자신의 모터보드로 출퇴근을 한다며 소개했다.

나는 도무지 이들의 생활이 꿈속에서의 일처럼만 생각되었다. 어떻게 이렇게 격리된 오지에서 오직 두 사람이 이 큰 시설을 유지관리하면서 전 세계를 상대로 사업을 한단 말인가! 아무리 태평양 바다가 평화스럽고 잔잔하다고 하지만 예측할 수 없는 그 위험한 해상사고를 이들은 전혀 개의치 않는다는 말인가! 이 섬으로 오는 배를 탈 때부터 도깨비 홍두깨 방망이에 한 대 얻어맞은 듯 묘한 기분이었는데 골든박사의 집엘 와 보니 더욱더 알 수 없는 신기함에 가슴이 뛴다. 이들은 도대체 사람인가 귀신인가!

우리는 흔히 마을에서 뚝 떨어진 외진 집을 좋아하지 않는다. 그런 집에는 정신이 조금 이상한 사람 또는 무당 되려는 신들린 사람 또는 귀신이 등장하는 집으로 인식되어 왔다. 그래서 우리나라의 마을은 모두 옹기종이 모여 있는 모습니다. 그런데 이곳 히피들이 사는 판잣집을 보면 산꼭대기에 또는 길도 없는 외진 곳에 각각 집을 짓고 살고 있다. 불과 백여 명이 사는 무인도나 다름없는 섬인데도 이렇게 뚝뚝 떨어져서 사는 것을 보니 불현듯 '동양 사람은 귀신을 무서워하고 서양 사람은 귀신보다도 살아있는 사람을 무서워한다'는 누군가의 말이 생각났다.

태평양 온 바다가 훤히 내려다보이는 그의 사무실을 가보니 컴퓨터 주변 기기며 최첨단 사무용품들이 즐비하다. 그는 이곳에서 인터넷을 이용하여 세계 각국을 상대로 생산품을 판매하고 있다. 참으로 기분이 묘했다. 이 섬은 문명을 거부한 히피들의 세계였는데, 이 사무실은 히피와 첨단 문명의 만남 아닌가. 시설 이곳저곳을 보고 나니 벌써 점심식사 시간이 훨씬 지났다. 테크니션께서 이미 점심 식단을 준비해 놓았는데 식탁에 앉아 보니 직접 구운 보리 빵으로 샌드위치를 말고, 야채수프, 찐 감자, 샐러드가 풍성하다. 모두가 이곳에서 직접 재배한 재료라 한다.

따가운 여름 햇살이 잔잔한 바다에 바늘 꼽히듯 내려꼽히고 있었다. 함께 점심을 나누며 과연 이들은 어떤 사람들인지 자꾸만 궁금해졌다. 외진 곳에서 독신으로 살고, 외모와 복장, 판잣집, 그리고 간단한 식단 등은 분명 히피의 분위기가 확실했다. 그러나 학력은 전문직의 박사요 세계를 상대로 사업을 하며 생산시설과 사무용품들은 모두가 초고속 첨단이 아닌가. 이들은 히피인 것 같기도 하고 또 아닌 것 같기고 하고, 자꾸만 이들의 정체가 궁금해졌다. 나는 결국 실례를 무릅쓰고 물었다.

"골든박사, 박사께서도 이 섬에 살고 있는 다른 사람처럼 히피족입니까?"

그는 부정도 긍정도 아니 하며 익살스러운 표정으로 한번 정확하게 알아 맞춰 보란다. 옆의 테크니션 역시 나의 대답에 귀추가 주목된다는 듯 미소를 지으며 나만 바라본다. 나는 답했다.

"당신은 히피의 두목이 아니라면 분명 천국에 사는 신선이오."

그는 또 다시 익살스러운 표정으로 "나는 모든 것을 너의 판단에 맡긴다"라며 껄껄 웃었다.

사실 나는 히피족에 대한 막연한 향수가 있다. 내가 대학을 다닐 때 그 당시는 군사 독재정권하에서 숨도 못 쉬고 살 때였다. 머리가 조금만 길어도 미풍양속을 헤치는 장발족 불량배라며 붙잡아 가두고 매질을 하던 시대가 아닌가. 직접 보지는 못했지만 전해들은 이야기로 머리를 치렁치렁 기르고 아무것에도 구속됨이 없이 대학 캠퍼스에서도 마음대로들 행동한다는 히피족들의 이야기는 그 시대의 우리나라 젊은이들에게 마치 동화나 전설 속의 이야기 같았음이 사실이다. '히피들은 과연 얼마나 많이 소유했고 편안하게 살았기에 이 편리한 현대의 물질문명을 거부하고 거지들 같은 복장을 하고 저렇게 어슬렁거리면서 살 수 있을까? 그들이 추구하는 구속 없는 자유로운 삶이란 과연 무엇인가?' 하는 막연한 동경이 컸음이 사실이다. 그런데 오늘 히피들의 왕국인 라스케티에 와서 그들을 직접 보고 삶의 모습을 대하니 그들의 생각에 수긍이 가는 부분이 많다.

우리는 복잡 미묘하고 공해로 찌든 대도시에서 하루하루를 용광로처럼 살고 있다. 많은 사람들이 이 거대한 도시를 기생충처럼 이용하면서 또 동시에 증오하면서 탈 도시를 외치곤 한다. 그러면서도 그들은 막상 도시를 떠나서 살지 못하고 있다. 이유는 일 때문에, 먹고살려니, 애들 학교 때문에, 또는 도시에서 즐길 수 있는 문화시설이나 먹거리 때문에 등등 변명도 구구하다.

이런 면에서 골든박사의 생활모습은 나에게 매우 신선한 충격을 주었다. 히피처럼 그들과 함께 어울려 살면서 최첨단의 장비를 이용하고 세계를 대상으로 사업을 벌이는 그의 모습이 매우 감동적이다. 그는 도시로부터 거의 완벽하게 격리된 자연환경 속에서 전혀 불편함 없이 즐기면서 왕성히 활동하고 있느니 어느 누구도 행하지 못하는 진정한 벤처임이 확실했다. 그는 대도시에서 살아야만 큰 사업을 할 수 있다거나 또는 분주한 사람만이 큰 일을 할 수 있는 것으로 믿고 있는 우리의 원시적인 좁은 고정관념을 확실히 바꿔주고 있다.

　그는 오늘 하루 이 오지를 찾아온 동양인 내외를 위해 직접 운전
도 하고 배도 몰고 점심도 나누어 주고 이런 저런 우스꽝스러운 잡
담 이야기도 즐기면서 한가로운 삶의 모습을 보여주고 있다. 사실
그는 바쁠 수도 있었을 텐데 무엇으로부터도 제한받지 않고 쫓기지
않는 편안한 모습이었다. 나는 골든박사로부터 진정한 이 시대의
천국을 보는 듯 했다. 그의 친절하면서도 끊임없이 장난기 섞인 모
습은 분명 히피로부터 승천한 신선의 모습이었다.

　그는 한 시간 반이나 배를 몰고 우리 내외를 육지의 훼리 부두까
지 데려다 주었다. 홀로 배를 몰고 다시 라스케티로 되돌아가는 그
의 뒷모습이 아물아물 보였다. 아침에 주차해 놓았던 부두를 향해
바다로부터 돌아서니 부두에 빼곡히 찬 자동차들이 한눈에 확 들어
왔다. 신선들이 사는 천국에서 인간의 도심으로 졸지에 떨어져 나
온 어지러움과 허탈감에, 갑자기 눈앞의 모든 물체가 뿌옇게 보였
다. 아침에 길을 못 찾아 아내의 눈치를 보았던 미안함은 이미 멀리
사라졌고 해맑은 아내의 미소에서만 나는 조금 전의 천국을 다시
보는 듯 했다.

(2000)

만화리

만화리萬花里, 뒤로는 일광산이 병풍처럼 둘러 쳐져있고 움푹 파인 듯한 골짜기의 산자락에 있는 우리 동네 이름이다. 기장에서 동래 쪽으로 가는 큰 도로에서 마을 입구까지 약 1km가 계속 내리막길이다. 마을 입구 논 가운데에는 백 여 년이 넘었을 성 싶은 높게 선 미루나무 네 그루가 한 눈에 들어온다. 제법 물이 흐르는 개천 위의 다리를 건너면 다시 언덕을 향해 조금 오르는데 그곳에 크지도 작지도 않은 50여 채의 겸손한 시골집들이 두런두런 이야기 하듯 정겹게 모여 있다.

산자락 아래의 정 남을 향한 동네라 그런지 이 동네를 일컬어 한겨울에도 호박꽃이 피는 마을이라 한다. 이렇게 따뜻하다 보니 동네 이름이 만화리가 되었나 보다. 실제로 우리 동네가 다른 동네에 비해서 꽃이 많은지 적은지는 비교해 본바 없지만 우리 동네에는 아무리 강 한 태풍이 와도 논의 벼들이 쓰러지는 예가 없는 것으로 보아 포근한 마을임은 확실하다. 산 속에 박힌 동네임에도 마을 좌우의 계곡이 바람 골이라 복중에도 더위를 모르고 지낸다. 지난주

나는 오랫동안의 도심지 아파트 생활을 정리하고 다시 이곳으로 이
주하였다.

내가 처음 어린 자녀들과 이곳으로 온 것이 1986년 봄이니 벌써
강산이 한번 반이나 변했을 정도의 긴 세월이 흘렀지만 그래도 마
을은 옛 모습 그대로이다. 아무래도 자녀들의 취학이 불편해서 중
간에 다시 부산에 나와 생활했지만 이제는 녀석들도 성인이 되어
멀리 떠나 지내니 내가 굳이 도심의 아파트에 머물 이유가 없어진
셈이다. 십 수 년이 지나 다시 옛집으로 옮기고 보니 마치 고향에
다시 들어온 듯 정겹고 훈훈하기만 하다. 양옥으로 소박하게 지은
작은 집이지만 오랜 세월이 흘렀음에도 별 탈 없이 잘 견디어 주어
고마움이 앞선다. 그간 주인도 없이 홀로 긴 세월을 지낸 외로운 노
고를 치하하고 싶은 마음에 지난 봄 담 쪽에 있던 매화나무에서 딴
매실로 담은 술항아리를 개봉하니 술 익은 향기가 방안에 가득하
다. 유리 술잔에 가득 따르고 '그 동안 그대의 노고를 위해! 그리고
다시 돌아온 주인을 위해!' 하며 잔 들고 홀로 한 잔의 술을 나누니
미안한 마음이 다소나마 달래지는 듯하다.

역시 오랜 세월이 흘렀음인지 붉은 지붕 기와는 거뭇거뭇한 이끼
로 이미 오래된 고택의 모습을 보이고 있다. 뒤 곁의 우물 뚜껑을
여니 오랫동안 퍼내지 않았음에도 맑고 찬물이 여전해 반가웠다.
얼마 전 데이빗 소로우의 글속에서 우물이 있어 땅은 부력을 받을
수 있어 좋고 또 우물 안을 들여다보면 지구가 섬이라는 생각을 하
게 한다는 내용의 글귀가 생각난다. 우물 속으로 고개를 쑥 밀어 넣
고 밑바닥의 잔잔한 물을 보며 찬 공기 속에서 심호흡을 하니 어느
새 아무 인적이 없는 고요한 섬에 와 있는 것 같았다.

담은 돌담이라 그런지 예전 그대로 여전히 듬직했다. 담쟁이 덕분
에 돌담은 아직도 가지런하고 단정했다. 도시에서 흔히 사용하는
블록 담이었다면 지금쯤은 분명 시커먼 곰팡이에 기울어지거나 또

는 무너진 모습으로 훨씬 을씨년스러웠을 턴데, 세월이 흐를수록 윤이 나고 동그래지는 돌이라 그런지 담은 더욱 의젓하고 멋스러웠다. 고산孤山의 오우가五友歌에서처럼 역시 물과 더불어 돌은 우리의 오랜 친구인 것이다. 불현듯 돌 석石자를 갖고 있는 친한 친구들의 얼굴도 떠오르고 나도 호號를 지어 본다면 石자로 한번 지어보고 싶어진다. 우리 선조들이 사람의 이름에 돌 석자를 넣기를 즐겨했던 그 마음도 알 것 같았다.

 돌담을 따라 심었던 나무들은 누구의 돌봄도 없이 저 홀로 무성히 컸다. 처음 심을 때는 우리 집 애들의 키와 비슷했던 묘목들이 이제는 두 손으로 흔들어 대도 흔들리지 않는 아름드리나무가 되었다. 세상물정이 각박하고 어느 것 하나 앞날을 예측할 수 없는 혼돈의 시대인 요즘, 주위의 변화에 흔들림 없이 스스로 묵묵히 성장해 가는 나무야말로 가장 큰 위안과 진실을 말해주는 진정한 나의 친구인 것이다. 무성한 잎으로 하늘을 가린 듬직한 목련 나무에 등을 기대고 서서 푸른 먼 산을 바라보니 불현듯 나도 나무처럼 살고 싶어진다.

 낮은 돌담 넘어 앞집과 옆집의 모습을 넘겨다보니 집은 옛날 모습 그대로인데, 역시 어쩔 수 없이 나이를 먹어 가는 그 댁의 사람 모습에서는 긴 세월의 흐름이 역력하다. 항상 코 흘리게였던 옆집 아이가 벌써 전방의 군대에 갔다 한다. 자식 내외를 부산으로 보내고 혼자 지내시던 앞집 할머니며, 항상 빈 지게를 지고 약주가 거나하셨던 마을회관 옆의 백발 할아버지 그리고 몇몇 노인들은 언제 가신다는 말도 없이 이미 세상을 떠나셨다. 역시 세월의 흐름은 애들이 어른이 되고 노인들이 세상을 하직하는 모습에서 가장 실감이 난다. 나 또한 이 마을에서 살 때는 젊은 애기 아빠였는데, 이제는 자녀들이 곁을 떠나고 중년을 훨씬 넘긴 모습으로 돌아 왔으니 나를 오랜만에 보는 동네 분들도 덧없는 세월의 무상함을 보았으리라.

마을이 예전과 크게 달라졌음을 한눈에 볼 수 있는 것은 경제 향상에 따른 모습들이다. 십 여 년 전만 해도 이곳은 비록 부산에서 멀지 않은 곳이긴 해도 집집마다 달구지와 외양간의 소 울음소리로 깊은 외진 시골의 모습이었다. 그런데 이제는 그 자리에 자동차와 탱크처럼 육중해 보이는 트랙터가 자리를 차지하고 있다. 불현듯 저녁나절 되새김을 계속하며 우수에 찬 큰 눈망울로 '음~메' 하던 송아지의 울음소리가 그리워진다. 또 군郡에서 예산지원을 많이 해주었는지 예전의 황토 길은 모두 시멘트 길로 포장되어있다. 깨끗해서 좋은 것 같으면서도 어쩐지 건조해 보인다. 비가 오면 신발을 더럽히지 않으려고 요리조리 피해 걷던 황토 길이 이제는 아주 먼 옛날 이야기가 되고 말았다. 두터운 시멘트 아래에서 숨도 못 쉬고 있을 예전의 황토 길을 생각하니 그 불편했던 시절이 그리워질 뿐이다.

여름이면 가시덤불과 거미줄로 쉽게 접근하기 어려웠던 뒷산으로 오르던 길이 군에서 임도林道를 내어 이제는 뻥 뚫린 대로가 되었다. 산불에 대비하기 위해 필요한 길이라지만 졸지에 산허리가 잘린 모습을 보니 임도라는 것이 꼭 필요한 것인지 의심이 간다. 예전에는 뒷산으로만 가면 숲으로 꼭꼭 닫혀 아무도 나를 볼 수 없는 자유의 공간이었다. 그런데 이제는 임도 때문에 사방팔방에서 내 모습을 훤히 바라 볼 수 있게 되었으니 나만이 간직하며 즐기던 또 하나의 보물을 잃어버린 허탈감뿐이다.

산은 그렇다 치고 기장읍의 옛 장터를 가보니 시골 할머니들이 직접 농사짓고 다듬은 것들을 옹기종기 펴놓고 팔던 옛 시장 터가 이제는 무슨 마트니 무슨 슈퍼니 하는 이름으로 변했다. 조용히 지나가는 행인에게 마이크를 틀어 대며 호객행위를 하는 모습을 보니 저들이 내 고향을 뺏어간 듯한 분노감이 솟구친다. 인정을 배울 수 있었던 옛 시골 장터가 졸지에 도시 상가가 된 모습을 보노라니, 경제 논리가 작용하기만 하면 지난날의 역사와 뿌리를 흔적도 없이 사라지게 하는 삭막함에 쓸쓸히 뒤 돌아설 뿐이다.

그래도 오랜만의 시골 밤바람은 여전히 상쾌하기만 하다. 입추가 벌써 지나서인지 마당 곳곳에서 이름 모를 풀벌레 소리들의 합주곡이 은은히 흘러 퍼진다. 어느 틈으로 들어 왔는지 두 마리의 말벌이 윙윙 거리며 거실 전등 주변을 황급히 맴돈다. 방충망에는 풍뎅이, 장수하늘소, 여치, 나방이, 작은 날벌레들, 그리고 배 꽁무니에 번쩍이는 황금 형광색을 단 반딧불 같은 벌레 등등 갖가지 벌레들이 푸드득거리며 부딪친다. 집안이 오랜만에 훤하니 무슨 잔치라도 벌어졌나 싶어 들어오려 애를 쓰고 있다. 도심의 아파트에서 잊고 지내던 이 작은 곤충들의 모습을 보니 오랜 소박한 친구들을 다시 만난 듯 반가움에 정겹다.

하긴 그렇다. 친구라는 것이 꼭 사람이어야만 하는 것은 아니다. 말씀이나 웃음이 아니어도 이렇게 서로의 존재를 보며 방해하지 않고 서로 고요히 함께 산다면 이 보다 더 좋은 친구는 또 무엇이겠는가. 대도시에서 이웃과 더불어 산다는 것이 복잡 미묘하기도 하고 때로는 고슴도치보다 더 뾰족한 가시를 바짝 세우며 살고 있지 않는가. 때로는 이웃을 경계하기도 하고 때로는 친한 척 거품 찬 미소를 지으며 익숙지 않은 연기를 해대느니, 차라리 인간의 언어가 통하지 않는 이 자연의 작은 친구들이 우리를 훨씬 편하게 하는 것이다.

현대인들이 복잡한 도시를 떠나서 한가로운 시골에서 살고 싶은 마음이야 한결 같지만 바쁜 직장 생활과 자녀들의 교육문제로 시골에서 살기가 현실적으로 쉬운 일이 아니다. 그러나 새삼 돌이켜보건대 시골에서의 생활은 참으로 좋은 점이 많다. 우리 모두가 아는 것이지만 역시 맑은 공기와 물을 즐기고 시끄러운 도시의 소음으로부터 해방되어 좋다. 아파트에서처럼 쿵쿵거리는 위층 사람 신경 안 써서 좋고, 흥이 나면 한 밤중이라도 목청을 다해 한 곡 부를 수도 있다. 저녁을 먹고 배가 부르면 고무신 끌고 동네 주변을 슬슬 산보할 수 있는 것도 즐거움이고, 집안에서도 옷을 훌훌 벗고 돌아다녀도 누가 보는 사람이 없으니 신경 쓸 일이 없는 것도 참으로 큰 편안함이다.

그러나 역시 시골 생활의 참 멋은 비록 누추한 집일망정 밤이면 달과 별을 먼저 만나고 바람소리, 비 오는 소리, 과일이 뚝뚝 떨어지는 소리, 마른 잎이 미풍에 스거적 거리며 구르는 소리, 먼 곳 가까운 곳에서 정을 다해 울어주는 작은 새 소리 등등 빼놓을 수 없는 즐거움이 많다. 그러나 뭐니 뭐니 해도 시골 생활의 보람은 역시 봄 여름 가을 겨울을 뚜렷이 벗하며 산다는 것이다.

봄이면 얼은 땅을 뚫고 나오는 수많은 작은 꽃들이 정겹고, 죽어버린 듯 하던 나뭇가지에 움이 트며 튀어 오르는 햇잎이며 꽃망울들은 빛바랜 내 삶에 새로운 희망을 선사한다. 이른 봄에 싹을 내미는 식물의 세계를 보면 동물보다도 더 동적動的인데 누가 식물을 정적靜的이라 하였는가. 잔설이 남은 가지에서 꽃망울을 틔우는 매화로부터 왕비 같은 목련, 화사한 벚꽃, 무릉도원을 보는 듯한 봄비 촉촉이 내리는 날의 복숭아꽃, 이 모두가 환상적인 봄의 아름다움인 것이다.

여름이면 짙푸른 녹색의 나무그늘, 짝을 찾아 애타게 울어대는 매미 소리, 우물 옆에서 등물을 하고 찬물에 밥 말아 뒤꼍의 풋고추 따 막장에 찍어 먹는 소박한 점심식탁도 시골 여름의 한 즐거움이다. 입추만 지나면 어김없는 작은 풀벌레들의 합주곡 소리가 가을이 멀지 않았음을 알리고, 노랗고 붉게 물드는 단풍과 작은 바람에도 우수수 떨어지는 낙엽이 내 앞의 생을 알려주는 듯해 공연히 가을의 고독을 즐긴다. 삭풍이 부는 겨울이 되면 얼어붙은 대지 위의 나목들 그리고 겨울바람에 을씨년스럽게 뒹구는 마른 낙엽과 함께 긴 동면의 휴식을 즐긴다. 나이가 들어가서 인지 이제는 이런 계절의 뚜렷한 변화가 더 다정하고 아름답기만 하다.

시골 생활에서 가장 의미 있는 것은 아마도 농부들의 한가한 모습을 보고 배우는 것이리라. 신神은 우리에게 모든 것을 베풀지만 단한 가지 한가로움만은 쉽게 베풀지 않는다고 한다. 따라서 인간이 한가롭게 살기란 가장 어려운 일 중의 하나인 것이다. 천지를 창조하신 하느님께서도 엿새를 부지런히 일하시고 겨우 칠일 만에야 한가로운 휴식을 취하시지 않았는가! 신께서도 이렇게 바쁘게 지내셨는데 하물며 인간이 허구한 날 한가롭게 지내도록 신은 너그러우실 것인가?

기독교에서는 주일을 잘 지키라는 계명이 매우 중요하다. 나의 소견으로 그 계명이란 일주일에 하루라도 신께 감사하며 잘 쉬라는 말씀으로 들린다. 그런데 사실 요즘의 많은 도시인들에게는 진정한 주일이 없다. 일요일이면 얼마나 많은 해야 할 일들이 기다리고 있는가. 기독교를 열심히 믿는 사람들에게조차도 주일은 만만치 않게 바쁜 하루임이 사실이다. 아침에 교회를 가면 보통 저녁에야 돌아오는 경우가 허다하다. 거대한 종교의 조직 속에서 무슨 작은 봉사의 책임이라도 맡은 신자들은 주일이 마치 용광로 속의 하루처럼 바쁘고 고단한 하루인 경우도 많다. 하기야 신께서도 칠일 만에 겨우 하루 쉬셨는데 어찌 사람이 하느님과 동등하게 칠일 만에 한가히 쉴 수 있겠는가 하고 생각해보면, 주일에도 끊임없이 일하며 다람쥐 쳇바퀴 돌 듯 바쁘게 살아야 하는 것이 우리의 운명인지도 모른다.

요즘의 모든 범죄며 사회의 문제점들은 한가롭게 살지 못하는데서 발생하는 결과라는 분석도 있다. 이럴 진데 한가롭게 살기란 역시 도를 닦는 것과 같이 어려운 문제인가 보다. 얼마 전 피에르 쌍소의 『느리게 산다는 것의 의미』란 책을 보면서 역시 한가롭게 살기란 전 세계적인 고민거리이구나 하는 생각을 했다. 그는 느리게 살기 즉 한가하게 살 수 있는 방법으로 다른 사람의 말에 귀를 기울이고, 글을 쓰고, 명상도 하고, 빈둥빈둥 산보도 하며, 포도주도 즐기며, 취미생활과 절제 있는 생활을 하라는 등등 나름대로의 아홉 가지 방안을 제시하였다. 모두가 그럴듯한 이야기이다. 그러나 곰곰이 생각해보면 이 복잡한 도심에서 어디 가서 어슬렁어슬렁 산보를 할 수 있으며 아파트촌에서 무슨 명상이 되겠나. 또 포도주는 우리 같은 서민이 즐기기에는 생각보다 비싸지 않은가, 등등 모두가 이해는 가지만 다분히 철학적이며 우리와 같은 도시인의 입장에서는 쉽게 수긍이 가지 않는다.

그러나 나는 우리나라 시골 농부의 삶을 보면서 진정한 느림의 철학 즉 한가로움의 의미와 그 방법을 배운다. 농부들은 아침부터 부지런히 일을 하지만 일단 저녁만 되면 휴식이다. 또 아무리 바쁜 일이 있어도 바람이 불거나 비가 오면, 하던 일을 대충 마무리하고 뒹굴뒹굴 쉬며 낮잠도 즐기고 화투 같은 오락도 즐긴다. 그리고 여름철에 아무리 일손이 바빠도 뙤약볕이 쪼이는 한 낮에는 그늘에 모여, 해야 할 일 걱정하지 않고 휴식을 취하며 시원해지기를 기다린다. 저녁이 되면 해가 지기 전에 일찌감치 저녁을 먹고 이 집 저 집으로 마실 다니면서 담소하며 쉰다. 농부의 생활을 보면 주말이나 휴일이 따로 없다. 뜻하지 않은 일기 변화로 갑자기 휴일이 되기도 하고 겨울이 되면 한 계절 내내 푹 쉰다.

시골 농부들의 삶을 보면 마지막 세상을 떠나면서도 마치 소풍가듯 나비처럼 한가롭고 가볍게 떠나신다. 도심의 멋쟁이 부유한 노인들은 세상을 하직하면서 주위 사람들을 얼마나 시끌벅적하게 하고, 뻔한 결과임에도 무슨 미련이 그리 많아 포기하지 못하고 질질 끄는 모진 목숨의 모습을 보이지 않는가! 그런데 시골 노인들의 모습은 사뭇 다르다. 누구네 할머니 할아버지 편찮으셔서 병원에 가셨다는 소문이 알려진 후 불과 얼마 후면 이미 돌아가셨다고 한다.

마치 꽃 다 피고 씨 맺혀 떨어진 후 가을 찬바람 우수수 불면 앙상한 마른 가지만 남는 일년초처럼, 아무 저항도 미련도 없이 자신을 송두리째 뽑아주며 이 세상을 하직하는 것이다. 이와 같은 농부의 한가롭고 소박한 삶과 죽음을 곁에서 보며 산다는 것이 시골 생활의 백미인지도 모른다.

아! 이제는 나도 시골에 살며 농부와 같은 단순 명쾌한 삶을 살고 싶다. 언젠가는 나도 스스로 작은 농부가 되고 싶다. 채소도 키우고 잡초도 뽑고 지게로 퇴비도 나르고, 봄 가을이면 마을에서 공동으로 하는 모내기나 추수에도 함께 참석하고, 겨울이면 그들과 함께 빈둥대며 쉬고 싶다. 그리고 무엇보다도 그들처럼 가볍게 삶을 마감하고 싶다.

정년퇴임을 한 후 혹시나 나더러 많이 배운 교수님이시니 우리 동네 만화리 발전을 위해 이장을 맡으라고 이웃들이 권한다면… 글쎄? 그 동안 마을에서 베푼 것에 대한 보답의 뜻으로 봉사해야 하지 않을까? 그런데 나는 농부로서의 경험이 전혀 없지 않은가. 누가 나를 이장으로 추천하겠는가! 그러나 우리 동네는 대학 총장선거와는 달리 스스로 이장을 하겠다는 특별한 사람이 없는 것 같으니 그런 기회가 올지도 모르겠다. 더운 여름 날 홀로 이런 저런 한가로운 잡념을 하다 보니 나는 이미 주름살 깊이 파인 훌륭한 농부가 된 기분에 또 한 번 한가로운 웃음을 짓는 것이다.

(2001)

동백섬 예찬

오늘은 간밤부터 시원스럽게 내린 단비로 아침 출근길 동백섬 입구의 초목들이 새로운 모습을 보이고 있다. 올 여름은 50여년 만에 기록되는 대단한 가뭄으로 온 국민들이 불편의 단계를 넘어 우려와 불안 속에서 노심초사하던 차의 단비이고 보니 간밤부터의 비는 보통 흔히 내리는 시시한 비와는 차원이 다른 듯하다. 여름철의 비가 이렇게 귀하게 느껴져 보긴 처음인 듯하다. 밤부터 내린 비로 그동안 타들어 갔던 대지와 논밭들이 다소나마 갈증을 해소했고 동백섬의 모든 초목들도 단비로 새로운 단장을 하고 출근길의 나를 맞고 있다.

얼마나 가뭄이 심했던지 산사山寺의 스님들이 청우제請雨祭를 드리고, 또 그 뉴스를 보고 우리 집 꼬마들도 엊그제 성당의 새벽미사에서 단비를 보내달라고 성모님께 기도하였다 한다. 오늘의 단비는 이렇게 마음이 착하고 순수한 많은 사람들의 염려와 기도 덕분에 하늘이 내려주었다고 믿고 싶다. 나처럼 자연과학을 전공하는 사람으로서 이러한 생각은 다소 앞뒤가 안 맞는 것 같기도 하지만 그래도 그렇게 믿고 싶어짐이 솔직한 심정이다. 말없는 큰 자연의 모습 앞에서 똑똑한 인간들이 할 수 있는 일들이란 게 얼마나 미미한가를 생각하며, 이러한 가뭄의 예로 오만해진 인간이 다소나마 겸손을 되찾게 된 것 같기도 하다. 그래서인지 이번의 단비는 더욱 보배롭다. 여하튼 그렇게 고대하던 비가 오고 나니 한결 마음도 가볍고 걱정거리가 사라진 듯하다.

어제까지만 해도 전국적으로 38~39℃를 오르내리는 폭염 때문에 노송老松들이 숲을 이루어 바닷바람을 한층 더 시원하게 하는 동백섬은 예년보다 훨씬 많은 피서객들로 붐비었다. 어제까지만 해도 이른 오전시간부터 동백섬에서 그늘을 차지하려는 피서객들과 차량들이 매우 치열하리만큼 입추의 여지가 없었다. 그런데 단비가 내리는 오늘 아침의 동백섬은 바람같이 떠돌아다니는 인파를 모두 보내고 혼자서 덩그러니 말없이 자리를 지키고 있을 뿐이다. 정말로 그 변덕스러운 인파와 괴물 딱지 같은 자동차, 그리고 계속되는 폭염과 가뭄으로 몸살을 앓고 있던 동백섬 숲 속의 노송들이 오늘 아침에는 비로소 주인의 자리를 되찾은 듯, 여유 있는 피서를 즐기고 있다. 가지가지마다의 모든 솔잎들은 하늘을 향해 팔을 벌리고 주룩주룩 내리는 단비를 그리운 님 맞듯이 온몸으로 맞이하고 있다. 이렇게 동백섬의 숲은 오래 전부터 이곳에서 생활해온 나에게 작고 조용한 몸짓으로 항상 속삭이고 있다.

나와 동백섬과의 첫 만남은 벌써 30여 년 전의 일이다. 부모님의 고향이 이북인 나는 이남에 친척이 거의 없었고, 많은 친구들이 흔히 소유한 그 '시골'이라는 것이 나에게는 항상 환상의 단어였다. 방학이 되면 많은 친구들이 시골을 찾고 부모님의 고향을 찾아 떠날 때, 나는 방학이 다 가도록 갈만한 곳이 없어 시골을 찾아 떠나는 친구들이 그렇게 부러웠던 어린시절의 향수를 지금도 잘 기억하곤 한다. 그래서였는지 조금 더 성장하여 고교시절에는 방학이 되면 마음 맞는 친구들과 어울려 산과 바다로 캠핑을 즐기곤 했다. 30여 년 전 해운대로 캠핑을 와서 동백섬을 찾은 것이 첫 인연이었는데, 불혹의 나이를 훨씬 넘긴 지금 동백섬은 나의 생활 중 지울 수 없는 큰 부분의 고향으로 자리 잡고 있으니 나와 동백섬과의 만남도 대단한 인연인 듯싶다.

30년이 지난 지금 그 당시 동백섬의 추억이 생생히 기억되지는 않지만, 서울역에서 하룻밤 꼬박 지새며 완행열차로 부산진역에 도착하여 버스를 타고 수영만 앞을 지나며 처음으로 보았던 넘실대는 푸른 파도와 그 물결을 따라 도착한 망망대해의 해운대 모습은 정말 감격스러운 한 장면이었다. 또 백사장 끝 쪽에 자리 잡은 송림속의 동백섬은 동화속의 작은 섬처럼 한번 들어가 보고 싶은 매우 아기자기한 모습이었던 기억이 날 뿐이다. 고교시절의 그 만남의 인연 때문인지 서울에서 부산으로 바다를 찾아 상주한지 벌써 12년이란 짧지 않은 세월이 흘렀다. 그러니 나에게 이곳 동백섬은 스쳐가는 나그네의 피서지가 아닌 일과 휴식, 즐거움과 아쉬움, 그리고 낭만과 회한이 뒤섞인 생활 속의 큰 공간으로 자리 잡게 되었다.

보통 사람들에게 이곳 동백섬은 인생에 한번 신혼여행 때나 와 보는 곳이든지 또는 벼르고 별러서 여름 피서 철이 되면 하루정도 찾아보는 곳이다. 그러나 나는 일 년 열두 달 매일을 거의 동백섬으로 출근하는 사람이니 동백섬과 나와의 만남은 보통사람의 경우와는 확실히 다르다. 하루의 일과를 위해 동백섬으로 출근하면서 나는 참으로 좋은 곳에 머물고 있다는 생각을 잊어본 적이 없다. 그다지 높지 않은 곳에서 휘돌아 하늘을 향한 늠름한 노송의 숲과 넘실대는 바닷물이 갯가의 윤기 흐르는 큰 검은 바위들과 한데 어우러진 동백섬의 모습은 삶의 피로에 지친 많은 나그네들을 말없이 푸근히 안아주는 도량이 넓은 자비의 쉼터이기도 하다.

동백섬을 한 바퀴 도는 일주로는 정확하게 1km의 거리인데 그 짧은 길의 구석구석마다 숲과 바다가 조화를 이룬 아기자기한 파노라마가 계속된다. 이러한 파노라마는 하루의 시간에 따라 다르고 또 계절에 따라서도 멋을 달리하며 달의 밝기에 따라서도 감흥이 다르다. 때때로 수평선너머에서 밀고 들어오는 성난 태풍의 물결이 칠 때에는 또 하나의 새로운 장관을 보여주기도 한다.

어디 이 뿐인가! 봄 가을의 화창한 날 동백섬으로의 출근길에는 발끝에서 머리끝까지 모두가 새 것으로 단장한 한 쌍의 신혼부부를 종종 보곤한다. 어떻게 보면 다소 촌스러워 보이기도 하는 이들 신혼부부의 모습은 일상日常에 지치고 삶의 멋에 무감각해진 나의 심신을 상쾌하게 해주는 작고 아름다운 신선한 충격이기도 하다. 이들 신혼부부를 볼 때마다 나는 미소를 머금고 무슨 말을 걸어보고 싶은 충동을 느끼곤 한다. 그러면서도 혹시나 그들의 천금같은 자유의 시간을 방해하는 것이 두려워 눈치만 보며 지나곤 한다. 행여나 지나가는 나에게 길을 묻든지 또는 사진 한 장 찍어주기를 청하면 나는 기쁨을 못 이겨 날개를 달고 훨훨 나는 한 마리 백조가 된 기분이고, 그들의 청을 반복해서 해주고 싶어 또 한 번 눈치를 본다. 그런 날의 아침 출근길은 정말로 신선과 같은 행복한 하루로 시작하는 날이기도 하다.

오후 늦은 시간이 되면 동백섬의 아름다움은 더욱 노숙해진다. 온종일 그토록 눈부시게 동백섬을 비추던 태양은 서산을 향하는 붉은 해가 되어 낮의 짧은 시간이 아쉽기라도 한 듯 아직도 붉은 빛을 진하게 토하며 노송의 솔잎 사이를 거쳐 서쪽을 향한다. 이러한 모습은 때가 되면 좋든 싫든 서산을 향해야만 하는 우리 모두의 생을 보는 듯 하여 그 작열하는 붉은 태양이 낙조가 되어 사라질 때까지 말없이 서서 지켜보곤 한다. 또 이 시간쯤에는 기운이 노쇠한 노인들이 솔잎 사이의 낙조를 받으며 천천히 산책하는 모습을 많이 볼 수 있다. 별로 예쁠 것도 없는 검버섯의 얼굴로 꾸부정한 노인들이 무

거운 발걸음으로 쉬엄쉬엄 산보하는 모습을 멀리서 보노라면 그들
이 살아온 인생의 경건함 그 자체를 보는 듯해서, 온종일 시시콜콜
한 작은 일들에 설왕설래하며 혼을 빼앗겼던 나 자신도 어느새 숙
연해지는 듯하다.

　동백섬은 정말 아름답다. 동백섬의 하루는 계속되는 일상 속에 새
로움이 있고, 움직이지 않는 고요함 속에 큰 계시가 보이고, 침묵 중
에 조용한 속삭임이 있다. 조용히 눈을 감으면 동백섬 구석구석의
모든 초목과 물결과 바람이 한 편의 아름다운 영화 장면처럼 눈에
선하다. 내가 이처럼 동백섬을 예찬하는 이유는 내 전생의 고향이
혹시나 동백섬이 아니었을까 하는 생각이 들기 대문이기도 하다.

(1994)

한 잔의 차를 권하며

내가 차를 즐기게 된 사연은 법정法頂 스님과의 만남에서부터였다. 벌써 20여 년 전의 일이다. 한국 전력에서 전라도 고흥 득량만 연안에 원자력 발전소를 지을 계획이 있어 그곳의 해양환경을 조사한 적이 있다. 그 때 나는 해양연구원에서 근무하며 이 조사를 위해 일 년 간 매월 일주일 이상을 그곳 바다에서 지내곤 했다. 바다의 일이 항상 그렇듯이, 한 번은 한겨울의 갑작스러운 강풍으로 바다를 나가지 못하고 여관방에서 며칠간을 무료하게 지낼 때였다. 어디를 가나 짬만 나면 돌아다니기를 즐겨했던지라 나는 화투장에만 매달려 있는 동료들을 놓아두고 버스 정류장으로 나왔다. 꽤 많은 눈이 내렸음에도 다행히 시외버스는 운행되었다. 나는 곧 출발하려는 송광사 쪽으로 가는 버스에 올랐다.

눈 덮인 송광사는 더욱 적막한 청정도량清浄道場이었다. 마침 혼자서 산보 중이신 어떤 노스님을 만나 절의 이곳저곳을 보며 말씀을 듣던 중 법정스님이 이곳 불일암에 머물고 계심을 알았다. 법정스님의 수필집을 이미 몇 권 읽었던 바라 불현 듯 스님을 만나 뵙고 싶었다. 스님의 글은 매우 간결하고 담백하여 마치 구수한 옛날이야기를 듣는 것 같기도 하고 또 그 내용이 매우 맑고 깊은 영혼의 말씀인지라 나는 법정 스님의 글을 무척 좋아한다. 스님의 새로운 글이 책으로 나오면 곧 바로 구입하여 공감이 가는 글귀마다 줄도 치고 내 생각도 메모해 가며 그날로 밤을 새워 재미있게 읽곤 한다. 여러 스님들의 글이 모두 훌륭하지만 특히 법정스님의 글은 마치 나의 마음을 대변해 주는 듯해서 항상 잘 모아 두고 이미 본 것도 가끔 꺼내서 다시 보곤 한다.

그때까지만 해도 나는 스님이 송광사내의 암자에 계신 줄 모르고 있었다. 그 당시는 아무 잘못이 없는 사람을 쥐도 새도 모르게 잡아다 병신이 되도록 고문하고 때로는 죽이기도 하는 유신정권 말기였다. 이런 공포의 분위기 속에서 독재군사정권에 대한 스님의 단호한 비판 때문에 중앙정보부는 스님을 항상 요시찰 인물로 감시하고 있다는 소문만 들었던 차다. 따라서 스님은 쉽게 만나 뵐 수 없는 분으로 막연히 생각했을 뿐이다. 그런데 스님이 이곳 불일암에 계신다니 이 기회에 한번 뵙고 싶었다. 불일암으로 가는 오솔길을 올라가면서도 갑자기 등 뒤에서 어느 고약하게 생긴 정보부 요원이 불쑥 나타나 당신은 누구냐 하며 가는 길을 막을 것 같은 불길한 예감이 들었다. 그러나 한겨울 눈 덮인 산중이라서 그랬는지 다행히도 그런 일은 없었다.

암자에 다다르니 흰 고무신 한 켤레만 마루 퇴에 단정이 놓여 있을 뿐 아무 인적이 없다. 조심스럽게 "스님 계십니까?"하고 불러 봐도 인적이 없다. 외출을 하신 것 같기도 하고 또 미안한 마음도 들어 그냥 돌아설까 하는데 키가 후리후리하시고 기골이 장대하신 스님이 방문을 열고 나오셨다. 첫 눈에도 독재정권과 맞서 할 말을 다 하실 것 같은 큰 힘이 있어 보이셨다. 스님께서는 아무 인연도 없었던 불시의 불청객에게 추우니 안으로 들어가자 하셨다. 첫 인상이

매우 엄격하고 단정하셨으며 동시에 따듯함과 신뢰감이 넘쳐 보이
셨다.

그때 나는 미혼으로 결혼에 대한 이런 저런 생각을 할 때였다. 나
는 스님께 나의 결혼관을 이야기하며 스님의 의견은 어떠신 지를
여쭈어 보았다. 스님께서는 말씀을 나누시면서 조용히 차를 다리셨
다. 그러시고는 나의 마음속에 번뇌 망상이 많았음을 아셨는지 빙
긋이 웃으시며 "이것이 해탈차이니 한 잔 들자" 하시며 차를 권하
셨다. 나는 큰 머그잔에 커피를 가득 넣어 들고 돌아다니며 마시는
것만 알았는데 스님은 조그만 잔에 그것도 그저 반이 조금 넘게 따
라 주셨다. 커피 마시듯 한입에 훌쩍 넘기고 나면 스님이 또 부어주
시고, 그러면 또 한 번에 훌쩍 마셔버리면 또 따라 주시고, 이렇게
대 여섯 잔을 비운 것 같다. 여러 잔 연거푸 마셔보아도 그저 마른
풀냄새만 날뿐 커피처럼 구수한 맛도 없고 정신을 번쩍 나게 하는
힘도 없었다. 그저 스님이 정성스럽게 따라 주시니 마셨고 또 해탈
하는 차라니 그 말씀이 멋있어 보였으며 애들 소꿉장난하는 듯한
작은 찻잔이 다소 소박해 보였을 뿐이다. 이것이 내가 처음으로 차
를 만나게 된 인연이었다.

그 후 나는 20여년의 긴 세월이 흐르도록 다시 스님을 직접 뵈어
온 적이 없다. 한번 찾아 뵈올까 하는 생각도 여러 번 있었으나 번
거로운 인연에 시간을 쓰실 수 있는 스님이 아니시라는 생각에 그
저 마음으로부터 옛 만남의 추억을 간직할 뿐이다. 스님께서는 내
가 다니는 천주교의 신부님, 수녀님과 종종 교류가 있으신데 나는
평소 가까이서 뵙는 신부님과 수녀님을 통해 스님의 근황을 가끔
듣곤 한다. 또 스님의 주옥같은 영혼의 말씀이 책으로 발간되면 그
글을 통해 스님을 만나 뵐뿐이다. 스님의 새로운 글을 만날 때 마다
나는 스님과 단 둘이 앉아 손수 다려 주시는 또 한잔의 해탈차를 얻
어 마시는 기분이다. 이렇게 나는 스님을 직접 뵙지 못하면서도 항

상 뵙는 듯한 만남을 계속하고 있다.

내가 스님을 만난 이후 근 20여년이 되어서야 비로소 스님께서 웃으시며 가르쳐 주신 '해탈차'의 뜻을 이해하게 되었다. 처음에는 차 맛을 알아서가 아니라 스님으로부터 느낀 차의 분위기가 좋았을 뿐이었다. 그러다가 여기저기에서 우연히 한 잔씩 얻어 마시게 되었고 차의 맛이 이런 것이구나 하고 어렴풋이 느끼고 다구가 사랑스럽게 느껴지기 까지는 근 10여년이 지난 것 같다. 또 홀로 있는 시간에 차 한 잔을 손수 다려 마시면서 말씀도 웃음도 없는 중에 세월밖에 앉아보는 망중한을 즐기기 까지는 근 20여년의 세월이 흘렀다.

많은 사람들이 처음에는 그저 손님대접으로 차를 만나게 된다. 그러나 혼자서 차를 즐기게 되기까지는 차와 더불어 많은 고요한 시간을 경험해 보아야 한다. 바쁜 일상日常속에서 잠시 손을 놓고 깨끗한 물을 끓이고 식히며, 다관에 좋은 햇차를 알맞게 넣고 적당히 기다려 우려낸 후, 부족하지도 넘치지도 않게 잔에 따르고 색깔과 향기를 음미하며 서 너 모금씩 나누어 천천히 입에 넣고 입술과 목을 적시고 나면, 입안에 감도는 향기로운 단맛에 빠져든다. 이런 향내음을 자주 즐기다 보면 어느새 다선일여茶禪一如란 훌륭한 다인茶人들의 말씀에 공감이 간다. 혼자서 차 마시는 시간이 많아질수록 차는 어느새 다정한 지기가 되고, 홀로 있어도 혼자가 아니며, 헛된 번뇌 망상을 잠시나마 물리치고 자신의 근원을 찾아들어가는 깊은 성찰과 고요함에 젖는다. 그리고 한 잔의 차를 마신 후 다시 일상으로 돌아오면 새로운 에너지의 충전으로 해탈의 경지까지는 아니어도 잠시나마 자유롭게 나르는 나비와 같은 가벼움을 즐길 수 있다.

차의 효능은 이미 과학적으로 충분히 증명되어서 여기에서 새삼 거론할 필요가 없을 것이다. 그러나 차의 이러한 정신적 내면의 가치는 각자가 직접 체험해 보지 않고서는 실감할 수 없다. 나의 경우 이러한 차의 오묘한 맛을 알기까지 근 20여년이 세월이 흘렀다. 아름다운 여인과 같은 차를 알게 되면서 나는 주위의 많은 사람에게 차 마시기를 권하고 있다. 특히 집에서 차를 마실 때에는 가능하면 자녀들을 불러 앉히고 함께 마신다. 아직은 차 보다는 시원한 콜라나 주스를 더 선호하지만 언젠가는 자녀들이 혼자서 차를 즐겨 다려 마시는 훌륭한 다인이 되기를 기대하면서 차에 대한 이런 저런 이야기를 들려주곤 한다.

차를 처음 대하는 사람들이 차의 진수를 보다 빨리 터득하기 위해서 내가 경험한 몇 가지 기본적인 사항을 피력해 보고 싶다. 우선은 경제적인 여건이 허락하는 한 가능하면 양질의 햇 차를 권하고 싶다. 4월 20일 곡우 이전에 차 잎을 딴 우전雨前이면 최상이지만 그 후 입하 이전에 딴 세작細雀이어도 매우 훌륭하고 또 이보다 더 나중에 딴 중작中雀이어도 좋다. 단지 개봉한지 오래된 차나 너무 품질이 낮은 차는 예민한 맛을 배우기에 적합하지 않다. 그리고 물은 좋은 생수여야 한다. 생수가 없을 경우 수돗물을 충분히 잘 정수해야하며 염소 냄새가 나는 수돗물은 사용할 수 없다.

물을 끓이는 방법은 가능하면 화력이 좋은 가스불이나 전기 화로가 좋다. 커피포트는 편리하긴 하나 화력이 충분치 못하고 또 너무 편리한 나머지 차를 준비하는데 있어 중요한 정성스러움이 부족하여 권할만한 도구가 못된다. 차를 다리는데 익숙하지 못한 초보자에게 가장 중요한 것은 적당히 차를 우려내는 일인데 차의 미묘한 맛을 잘 살리려면 물의 온도와 차의 량, 그리고 우려내는 시간을 잘 조절하여야 한다. 차의 맛이 너무 연하면 마치 맹물과 같아 맛을 느낄 수 없음이요 또 너무 진하면 써서 은은한 향을 맛 볼 수 없음이다. '첫 잔은 가냘픈 소녀를 보는 듯해야 하고 둘째 잔은 청순한 새 색시를, 그리고 셋째 잔은 어머니와 같은 여인을 만나는 듯한 분위기 여야 한다' 하니 첫 잔의 물 온도는 70~80℃를 넘지 않아야 한다.

또 차를 마실 때는 주변이 깨끗하고 고요하여야 하며 다구는 보기에 정이 가는 소박한 것이면 훌륭하다. 차는 가능하면 홀로 있을 때 다려 마시는 것이 으뜸이며 차를 대할 때에는 비록 마음속에 바쁘고 걱정스러운 일이 많을 지라도 잠시나마 모든 생각을 접어두는 단정하고 고요한 마음가짐이어야 한다. 또 마지막으로 훌륭한 다서茶書를 많이 읽어보길 권하고 싶다. 다서는 중국의 다서, 일본의 다서, 한국의 다서를 들 수 있는데 역시 우리에게는 한국의 훌륭한 다인들이 남긴 다서를 먼저 읽어보는 것이 좋을 것이다.

요즘 우리 사회는 긴박한 산업화로 모든 것이 치열한 경쟁뿐이라는 분위기가 팽배하다. 그래서 그런지 그렇지 않아도 급한 성격이 요즘은 더욱 급해져서 모든 것에서 빨리빨리만을 요구하고 있다. 그러나 급할수록 돌아가라는 말과 같이 보다 안전하고 깊이 있는 발전을 위해서는 템포를 한 단계 늦출 필요도 있다.

우리 모두 서로 한 잔의 차를 권하며 잠시나마 바쁜 몸과 마음을 놓아 보자. 그리고 우리의 근원으로 돌아가 보자. 그러면 한 잔의 차는 스님의 말씀처럼 우리를 해탈하게 하는 새로운 에너지원이 되지 않겠는가.

(2000)

사랑과 자비

    사랑 그리고 자비, 아마도 우리 삶에서 가장 많이 듣는 말이고 또 가장 많이 생각해 보는 단어 일 것 같다. 모든 사람의 입에서 끊임없이 회자되는 말이기도 하고 또 삶의 의미를 함축적으로 나타내는 대표적 용어이기도 하다. 그럼에도 불구하고 '사랑은 무엇이고 자비는 무엇이냐?'고 묻는다면 한마디로 자신 있게 답하기 어려운 것이 또한 사실이다. 그러고 보니 초등학교부터 대학까지 학교를 다녔지만, 솔직히 사랑은 무엇이고 자비는 무엇이라고 명쾌하게 배워본 기억이 없다. 그저 학교 교육을 통해서 직접적으로 들은 기억은 '기독교에서는 사랑을, 불교에서는 자비를 가르친다'는 내용 정도이다. 어떤 면에서 보면 학생들에게 사랑과 자비를 가르치는 것 보다 더 중요한 교육 과정도 없을 것만 같다. 그러니 학생들에게 이들 용어의 정의는 무엇이고, 두 말의 뜻이 같은 것인지 아니면 다른 것인지, 또 다르다면 어떠한 의미의 차이가 있는지 등에 관해 한 번쯤은 확실히 가르쳤어야 하지 않았나 하는 의구심도 든다.

    싯달다는 '자비는 사랑에 명상을 더한 것'이라 말씀 하셨다. 또 인도의 어떤 요기는 '사랑은 심리적인 것이요 자비는 영적인 것'이라고 설명한 바도 있다. 무슨 말인지 이해가 될 듯도 하지만, 역시 여전히 어려운 철학적 사유의 설명들이다. 그러나 기독교의 기도문을 보면 조금은 더 이해가 쉬운 듯도 하다. 왜냐하면 '주여 우리를 불쌍히 여기소서 우리에게 자비를 베푸소서'라는 기도문이나, 또는 '오직 주님만을 믿고 사랑하라', '이웃을 네 몸같이 사랑하라' 등의 가르침을 보면, 기독교 교리에서는 큰 의미의 '사랑' 속에 '자비'가 포함되는 느낌을 준다.

그러나 사랑은 쌍방향으로의 통로임에 반해, 자비는 일종의 '용서' 또는 '관용' 등을 포함한 일방통행의 제한된 통로인 것만 같다. 즉 인간이 하느님에게 자비를 베풀 수 없듯이, 자비란 올바른 사람이 그릇된 사람에게, 힘 있는 사람이 힘없는 사람에게, 또는 가진 사람이 없는 사람에게, 일방적으로 행할 수 있는 일종의 선善, 즉 너그러움의 '이타적 베풂'인 것이다. 그렇다면 이러한 한방향의 '베풂(자비)'은 영적인 것이고 쌍방향의 '사랑'은 심리적인 것이다? 또는 한방향의 자비는 사랑에 명상을 더 한 것이다? 아무리 곰곰이 생각해 보아도 쉽게 정리가 되지 않는다.

인도에서 '살아있는 성녀'로 널리 알려졌던 마더 데레사 수녀님이 세상을 떠나신 지도 벌써 10년이 지났다. 로마 가톨릭 교황청에서는 데레사 수녀님의 성녀 시성식을 준비하고 있다 한다. 그런데 최근에 발견된 수녀님 생전의 일기가 화제가 되고 있다. 살아있는 성녀로 추앙받던 수녀님의 일기 속에서 "때로는 하느님의 모습을 보려고 해도 볼 수 없었고 하느님의 음성을 들으려 해도 들리지 않았다"라는 신앙고백의 내용이 있었기 때문이다. 수녀님께서 가난하고 병든 사람을 위하여 평생 사랑을 실천하실 수 있었던 힘은, 분명 인간적인 능력에서가 아니라 하느님으로부터 받은 무한한 사랑의 힘 때문일 것이다. 그러했던 수녀님이신데도, 때로는 하느님의 모습을 볼 수 없었고 음성을 들을 수 없었다는 인간적 신앙고백은 우리 모두에게 신선한 충격을 주고 있다. 역시 절대적 사랑 또는 절대적 자비란 인간의 범주를 초월한 절대적인 신에게만 가능한 것인가보다.

그런데 또 한 가지 재미있는 현상은 요즘 의학계에서 '데레사 효과' 라는 학설을 많이 이야기 한다는 것이다. 즉 중병에 걸려서 육체적으로 어려움이 있는 사람이라도 혼자서 자신의 병 치료만 하며 낫기를 기다리는 사람보다는, 다른 환자들을 나름대로 돌보며 봉사하는 사람이 질병으로부터의 회복률이 훨씬 빠르고 또 사망률도 낮다는 연구 결과이다, 즉 마더 데레사 수녀님처럼 사랑을 실천하면 더 건강해 진다는 이른바 '데레사 효과' 라는 새로운 학설이다.

이와 유사한 내용으로 한스 셸여 박사의 '이타적 이기주의 altruistic egoism' 라는 학설도 있다. 즉 남에게서 사랑을 받는다는 느낌을 높이는 가장 좋은 방법 중 하나는 남에게 사랑을 베푸는 것이며, 이런 행동이 매우 강력한 항스트레스 기제라는 것이다. 더욱 우리를 흥미롭게 하는 것은 '프라시보placebo 효과' 라는 것인데, 이는 어떤 환자를 위하여 다른 사람이 간절히 기도하면 그 기도의 힘이 치유력에 확실한 영향을 준다는 것이다, 모를 일이긴 해도 이제는 앞으로 병원을 가면, 어쩌면 의사 선생님께서 '하루에 몇 번씩 기도 하시오' 라는 처방전을 내릴지도 모른다. 사실 따지고 보면 사랑하는 마음 없이 어떻게 다른 환자를 위해 불편한 환자의 몸으로 자원봉사를 할 수 있으며, 또 사랑 없이 어떻게 남을 위해서 지극한 기도를 할 수 있으랴. 그러니 이 모든 것이 결국은 사랑과 자비의 힘인 것이다.

그런데 한 가지 또 흥미 있는 사실은 우리로 하여금 이와 같이 사랑과 자비를 베풀게 하는 그 기작의 근원은 우리의 특성이 후손을 통해 그대로 복제되고 유지되게 하는 DNA 즉 유전자 때문이라는 것이다. 하나의 예를 들면 어떤 사람이 자비의 마음으로 베풀고 기부행위를 하는 것은 '나에게는 너희들이 못하는 이러한 능력이 있어!' 하는 자기 우수성을 과시하기 위한 일종의 이기적 유전자들이 우리의 마음과 몸을 통해서 매우 사랑이 넘치고 자비로운 이타적 모습으로 스스로 바뀐다는 것이다.

즉 우리가 사랑을 하고 자비를 베푸는 그 이타적 행위는 우리 몸의 근원인 이기적 유전자에 의해서 좌우되는 '이타적 이기주의'인 것이다. 이러한 이기적 유전자에 의해 생물은 계속 진화해 왔다는 것이다. 이것이 바로 리처드 도킨스 박사가 저술한 유명한 '이기적 유전자The selfish gene' 라는 책의 내용이다. 그가 제시한 이와 같은 '이기적 유전자론'의 학설은 이미 생물학의 정설로 되었다.

그렇다면 하느님은 우리를 사랑으로 만드셨고 또 우리에게 서로 사랑하라 하셨는데, 이기적 유전자를 우리에게 주셨다? 앞뒤가 전혀 맞지 않는 것 같다. 그러나 또 전지전능하신 조물주의 관점에서 보면 이러한 이기적 유전자를 통해 인간 스스로 진화하도록 하느님은 태초에 우리를 창조하셨다는 논리를 주장할 수도 있을 것이다.

짧은 생각에 사랑과 자비를 각설하다 보니 신앙의 본질, 육체와 영혼, 이기와 이타, 창조와 진화, 신과 인간의 지위 등등, 공부해야 할 것이 너무도 많다. 그러니 학창 시절 선생님으로부터 사랑과 자비에 관한 특별한 강의가 없었음도 은근히 이해하고 싶은 것이다. 굳이 내 나름대로 꼭 결론을 내어 보라면 '복잡하게 생각하면 너무 어려우니 그저 쉬운 말로, 우리는 각자 자기의 도리에 맞게 살면 되는 것 아닌가?' 하고 제의해 볼 뿐이다.

(2007)

동백섬을 떠나며

벌써 삼년이 흘렀다. 세월이 약이라더니, 이제는 새로운 환경에 제법 익숙해 졌다. 23년을 하루같이 머물던 동백섬 연구소가 갑작스럽게 철거되고, 교내 캠퍼스의 가건물로 철거민처럼 짐을 싸들고 옮길 때의 당혹감과 분노도 이제는 순한 마음으로 받아들이게 되었다. 2005년 부산 APEC 정상회담의 회의장 '누리마루'를 짓기 위해서 동백섬에 있던 수산과학연구소는 아무 흔적도 남기지 못하고 철거되었다.

동백섬의 이 연구소는 고 박정희 대통령 집권초기 국가 경제발전 계획을 위한 수출증대 정책의 일원으로 설립되었다. 경제적으로 매우 어렵고 가난했던 그 시절, 정부에서는 부경대학교(구 부산수산대학)에 많은 예산과 시설투자를 아끼지 않았다. 일차산업인 수산업의 개발로 국가 경제 재건에 필요한 달러를 벌어들이기 위한 당대의 치밀한 복안이었다. 따라서 어업학과에는 실습선을 건조해 주었고, 제조학과에는 식품공장을, 그리고 양식학과에는 보리새우 같은 값비싼 어종을 양식하여 일본에 수출하라며 동백섬 바닷가에 수

산연구소를 만들어 주었던 것이다.

그 결과 어업학과에서는 원양어업을 개발하여 국가 경제 발전에 큰 기여를 했으며, 제조학과에서는 우리나라의 식품산업을 획기적으로 발전시켰다. 이와 마찬가지로 양식학과에서는 수산 해양생물에 관한 수많은 전문 인력 양성과 연안자원육성 그리고 세계 10위권의 양식 산업 대국을 이룩할 수 있었다. 고 박정희 대통령의 공과과가 여전히 회자 되지만, 그 분은 진정 확실한 경제 대통령이었다.

연구소는 부산시에서 동백섬을 공원으로 지정(1972년)하기 훨씬 이전인 1961년에 5,600평의 부지를 국가로부터 받아 연구소를 건립하고 1966년부터는 교육과 연구를 시작했다. 따라서 동백섬의 수산과학연구소는 명실상부한 우리나라 수산 해양 연구와 교육의 역사요 메카인 곳이다. 나는 1982년 풋풋한 꿈을 안고 모교인 부경대학교 양식학과에 부임했다. 그리고 23년 간 학생들과 함께 동백섬에 머물렀다.

내가 동백섬 연구소에 둥지를 틀게 된 데는 남들이 잘 모르는 사연이 있다. 내가 부경대학교에 처음 부임할 때 총장님은 나의 은사이셨던 고 이병돈 박사님이셨다. 나는 학창시절 동백섬 연구소에서 선생님께 생태학, 무척추동물학 등을 배웠다. 그리고 선생님의 추천으로 불란서 유학을 다녀왔고, 또 귀국해서는 선생님이 원장으로 계시던 한국해양연구원에서 연구원 생활을 할 수 있었다. 1981년 선생님께서는 근 10년간의 그곳 원장 직을 마치시고, 예전에 교수로 재직하시던 부경대학교의 총장으로 부임하셨다. 그리고 이듬해 나도 선생님을 따라 모교로 자리를 옮길 수 있었다.

교수채용시의 마지막 관문인 면접을 보기 위해 나는 선생님이 계신 총장실로 들어갔다. 선생님은 해양연구원에 계실 때에도 제자인 나에게는 항상 "허군"하고 부르셨다. 그날도 선생님은 "허군은 앞으로 이런 연구도 해야 하고 저런 연구도 해야 하는데…"하시며,

"허군, 앞으로 10년간만 동백섬에 들어가 있도록 하게"하고 말씀하셨다. 나는 그 자리에서 "예, 선생님, 그렇게 하겠습니다"하고 답했다. 면접하던 날 선생님과의 약속으로 나는 10년이 아닌 23년간을 동백섬 연구소에서 머물게 되었다.

선생님께서도 해양연구원의 초대 원장으로 떠나시기 전에는 동백섬에 머무시며 연구소를 셋업 하셨고 많은 연구를 하셨다. 그러니 이제 신임교수를 임용하는 총장님의 바람은 젊은 제자 교수를 동백섬 연구소로 보내 당신이 하고 싶었으나 다 하지 못한 많은 연구를 잘 해 주었으면 하셨던 것이다. 많은 세월이 흐르고 난 지금 돌이켜보면 선생님은 나에게 정말로 많은 것을 베풀어 주셨다. 엄한듯하면서도 항상 인자하고 따듯하셨다. 그리고 무엇보다도 항상 앞을 내다보는 비전을 제시해 주신 훌륭하신 스승이셨다.

선생님은 갑작스러운 병마로 비교적 이른 연세에 서둘러 세상을 하직하셨다. 선생님이 지금 생존해 계신다면, 10년이 아닌 20년 이상을 동백섬에 머물렀던 나에게 "허군, 참 잘 했네!"하며 칭찬하실 것만 같은데…. 무심한듯하면서도 자상하셨던 선생님의 얼굴모습을 생각하니 생존해 계실 때 자주 찾아뵙지 못한 때늦은 죄송함과 아쉬움에 마음이 무겁다. 그동안 세상을 살아오며 많은 사람들과의 인연이 있지만, 역시 가족 다음에는 스승과의 인연이 가장 깊고 애틋하다. 그럼에도 불구하고 가족이나 스승에 대한 고마움은 지나고 나서야 절절이 깨닫는 어리석음을 스스로 보면서, '이것이 인간의 한계인가?' 하는 의구심과 함께 부끄러운 회한만 스칠 뿐이다.

지금은 교통이 좋아서 별것 아니지만, 사실 그 시절만 해도 동백섬 연구소는 외진 곳이었다. 학교에서 걸어 나오고 버스를 타고 또다시 걸어 들어가야 했다. 학교에서 연구소가 20km도 안 되는 지척의 거리였으나, 시간으로는 한 시간 이상을 허비해야 했다. 그러니 동백섬 연구소에 상주하며 강의나 회의 때마다 학교를 들어와야

하는 점은 대단한 불편함이었다. 그렇다고 동백섬에 상주한다고 해서 요즈음의 유행처럼 특별한 인센티브가 있었던 시절도 아니다. 그러니 동백섬 연구소에 상주하려는 교수는 없었다. 또 학교 안에 있어야 많은 학생들과의 만남이 용이하고 다른 교수들과 어울릴 수도 있고 정보도 빠르니, 동백섬에 있으면 이런 저런 어려움이 있었던 점이 사실이다.

처음 동백섬 연구소에서의 생활은 예상했던 대로 어려움이 많았다. 학교 안 같았으면 필요한 기기를 여러 교수님들의 실험실에 가서 이용할 수 있었지만 동백섬에서는 그렇지 못했다. 보유한 연구 기기와 실험재료가 매우 부족했고, 또 오래전에 설계된 실험실과 배양실의 구조는 내가 해야 하는 연구를 하기에는 전혀 적합하지 않았다. 그러나 제자들과 함께 꾸준히 준비하고 조금씩 갖추어 나가면서 많은 시설을 보완했고 연구 기기와 재료를 장만해 나갔다.

지난 23년 동백섬 연구소에서의 생활은 불편하고 어려운 때도 있었지만 보람되고 아름다운 시절이었다. 가장 어려웠던 때는 가을이면 어김없이 찾아오는 태풍으로 어렵게 장만한 야외 배양 시설이 파괴되고, 또 변압기의 정전 사고로 실험하던 생물들이 모두 폐사하는 사건이었다. 그래서 태풍이 올 때마다 대학원 학생들과 함께 밤을 새우며 연구소를 지켰던 힘들었던 추억들이 제일 생생하다.

보람된 일은 참으로 많다. 우선은 학생들에게 실질적인 다양한 실험 실습을 가르칠 수 있었고, 졸업 후 양식 사업에 뜻을 둔 학생들은 연구소에서 상주하며 직접 파이롯 규모의 양식 경험을 할 수 있었다. 지금은 이들 중 여러 명이 훌륭한 양식 사업가로 성공하였는데, 이들 졸업생들을 볼 때마다 매우 흐뭇한 보람이 아닐 수 없다. 또 1983년부터 연구소 앞 바다에서 해양미세조류를 종류별로 수집하여 양식의 먹이생물로 사용하기 시작했는데, 이제는 1,400여종이나 확보되어 세계적인 해양미세조류은행으로 발전하였다. 1995

년부터는 과학기술부에서 인정받아 국가지정 연구소재은행인 『한국해양미세조류은행』으로 발전한 결과도 동백섬에서 이룬 큰 보람 중의 하나이다.

　그러나 역시 무엇보다도 큰 즐거움은 동백섬을 내 마음껏 즐길 수 있었던 행운이었다. 바다와 숲이 어우러진 동백섬 연구소는 안에서 보면 모두가 활짝 열린 공간이었지만, 밖에서 보면 도시속의 은둔처처럼 철저히 통제된 닫힌 공간이기도 했다. 연구를 할 때는 아무에게도 방해 받지 않고 집중할 수 있었고, 쉬고 싶을 때에는 누구도 모르게 마음 것 휴식을 취할 수 있는 곳이었다. 또, 계절에 따라 날씨에 따라 하루의 시간에 따라, 바다와 숲과 해와 달이 공연하는 대자연의 새로운 퍼포먼스를 항상 즐길 수 있는 곳이기도 했다.

　사실, 학교의 가까운 동료 교수들로부터 "허 선생, 이젠 나이도 들어가는데 학교로 들어와야 하지 않소?"라는 권유를 여러 번 들은 적이 있다. 그 때마다 '학교로 들어가야 하나, 아니면 정년퇴임할 때까지 동백섬에 머무나?' 하는 생각을 안 해 본바 아니다. 그러나 그때마다 지금까지 열심히 꾸며 왔던 동백섬의 양식시설과 미세조류은행의 운영을 생각하면 학교로 들어갈 엄두가 나지 않았다. 그리고 또 '학교로 들어가면 얼마나 시끄럽고 답답할 턴데, 그리고 하루라도 바다를 보지 않으면 나는 도저히 안 될 턴데…' 하는 생각이 앞섰다.

　2003년 여름은 정말로 잔인한 계절이었다. '메미' 태풍으로 동백섬 숲은 폭격에 맞은 듯 처참했고, 연구소의 옥외 배양시설과 지하 실험실은 흔적도 없이 사라져 버렸다. 오랜 세월에 걸쳐 자랑스럽게 셋업한 실험 시설이었지만, 졸지에 모든 것이 파괴되었다. 그래도 나는 그해 가을과 겨울, 옥외 배양시설을 새로 복구해야한다는 생각에 꽤나 애를 쓰며 노력했다. 그리고 그런대로 피해복구를 끝내고 새로운 실험을 계획하고 있었다.

그런데 이게 무슨 날벼락인가! 2004년 2월 갑자기 부산 APEC 개최가 대두되면서 중요한 국가적인 행사를 위해 동백섬 연구소는 역사에서 사라질 수밖에 없게 되었다. 그해 9월 20일 나는 23년간을 하루같이 머물렀던 동백섬에서의 모든 뿌리를 잘라내고 포기해야했다. 소중한 미세조류 표본만을 들고, 두 달 만에 번개처럼 학교 구석에 세워진 가건물로 이전했다. 급히 밤을 새우며 신축한 가건물은 새집 증후군의 냄새로 눈을 뜰 수 없었다.

개인이 아닌 국가적 차원에서 급히 결정 할 수밖에 없었던 상황에 충분히 이해는 간다. 그러나 '나 역시 공적인 대학교육과 연구를 위해 23년간의 젊은 시절을 이곳에 바쳤는데, 연구소를 이전 시키려면 최소한 새로운 연구소를 지어놓고 이전 시켜야 합당한 것 아닌가!' 하는 분노가 앞서는 것이다. '나는 그 동안 무엇을 했나?' 하는 자괴감도 들고, '죽기 살기로 데모하는 철거민의 심정이 바로 이런 것이 구나' 하는 동정심도 일고, '나 혼자 외롭게 싸우며 헤 메는 구나' 하는 쓸쓸함도 가누기 힘든 감정이었다.

이제 교내의 가건물로 이전한지 벌써 삼년이 지났다. 그동안 부산시에서는 새로운 장소에 더 넓고 멋진 수산과학연구소를 지어주기로 약속했고, 우리대학을 위해 많은 투자와 노력을 해 주고 있다. 언젠가는 동백섬에서 보다 더 멋진 연구소가 완공되겠지만, 글쎄…, 내가 그곳으로 다시 가서 젊었을 때 동백섬 연구소에서와 같은 역할을 할 수 있을까? 아무래도 이제는 어려울 것만 같다. 내가 다시 실험실을 옮기고 새로 셋업하고 할 만큼, 나에게는 정년이 그리 멀리 있지 않기 때문이다. 새로운 연구소는 앞으로 그곳에서 많은 기간 연구할 수 있는 후배 교수들의 몫이리라.

예전에 나는 '제행무상諸行無常' 이란 말을 단순히 외롭고 허무한 것으로만 느꼈었다. 그러나 이제 본의 아니게 동백섬을 떠나온 이후, '제행무상' 이야말로 내가 공부해야 할 화두요 참 진리임을 실

감하고 있다. '십년이면 강산도 변한다' 하는데, 변하지 않는 것이
라면 '죽음' 이외에 또 무엇이 있겠는가! 동백섬 바다를 하루라도 안
보면 살 수 없었을 것 같았던 집착도, 그리고 동백섬 연구소 구석구
석에 남겼던 체취와 추억도, 새로운 인연이 되면 다 변하고 사라지
는 것이다. 이제 '떠나가게 놓아야 할 때는 냉정하고 가벼운 마음으
로 놓아야 한다' 는 사실을 실감하고 나니, 나는 또 다시 동백섬 옛
길을 마음 편하게 산책할 수 있는 것이다.

(2007)

◆ 허성범

부경대학교(구 부산수산대학)와 불란서 Nantes대학교에서 수산생물학을 공부하였다. 1982년 이후 부경대학교 양식학과 교수로 재직하며 바다양식과 해양미세조류 배양에 관한 교육과 연구를 담당하고 있다. 현재 한국양식학회와 한국수산과학총연합회 회장이며, 국가지정연구소재은행인 「한국해양미세조류은행」을 운영하고 있다.

(608-737)부산광역시 남구 대연동 599-1 부경대학교 양식학과
전   화 : 051-620-6132
E-mail : hurs@pknu.ac.kr